사랑하는 _____에게

늘 다른 사람의 이야기에 마음을 열고
귀 기울일 수 있기를…….

_____로부터

어린이를 위한
경청

어린이를 위한
경청

조신영·박현찬 원작 | 정진 글 | 김지혁 그림

위즈덤하우스

어린이를 위한 경청

초판 1쇄 발행 2008년 4월 20일 **초판 32쇄 발행** 2022년 6월 8일

원작 조신영·박현찬
글 정진
그림 김지혁
펴낸이 이승현

편집2 본부장 박태근
MD독자 팀장 최연진

펴낸곳 ㈜위즈덤하우스 **출판등록** 2000년 5월 23일 제13-1071호
주소 서울특별시 마포구 양화로 19 합정오피스빌딩 17층
전화 02) 2179-5600 **홈페이지** www.wisdomhouse.co.kr

ⓒ 정진·김지혁·조신영·박현찬, 2008

ISBN 978-89-6086-098-8 73800

- 이 책의 전부 또는 일부 내용을 재사용하려면 반드시 사전에 저작권자와 ㈜위즈덤하우스의 동의를 받아야 합니다.
- 인쇄·제작 및 유통상의 파본 도서는 구입하신 서점에서 바꿔드립니다.
- 책값은 뒤표지에 있습니다.

너의 이야기를 듣고 싶어…

귀가 큰 아이로 만드는 힘

시인 안도현

제 귀는 그렇게 크지 않은 편입니다. 거울에 비춰보면 작고 볼품없이 생겼지요.

어릴 때부터 저는 이 작은 귀로 여러 가지 소리를 듣는 것을 좋아했습니다. 빗방울이 처마 끝에서 떨어지는 소리, 억새가 저희끼리 몸을 비비는 소리, 풀숲에서 참새들이 여기저기로 옮겨 앉는 소리, 산 너머 기차가 땅을 울리며 달리는 소리…….

이러한 소리를 들으며 제 마음의 귀는 부쩍 커졌습니다. 누군가 저에게 어떻게 해서 시인이 되었느냐고 물을 때, 저는 누구보다 '소리를 듣는 일'을 좋아했기 때문이라고 말합니다. 어른이 되어서도 저는 가능하면 남의 말을 잘 들으려고 귀를 활짝 열어둡니다. 내가 말을 많이 하는 것보다는 남이 하는 말을 많이 듣는 게 훨씬 행복하고, 또 좋은 공부가 됩니다. 이 세상을 이해하는 가장 좋은 방법은 무엇엔가 귀를 기울이는 것에서 시작하지요.

《어린이를 위한 경청》은 말 없는 아이 현이와 자기밖에 모르는 은미가 서로를 이해하고 받아들이는 과정을 잔잔한 이야기로 풀어냅니다. 나와는 너무 달라서 도저히 이해할 수 없을 것 같은 친구도 내가 먼저 다가가서 귀 기울인다면 그 친구 마음속의 작은 울림을 들을 수 있다는 것을 깨닫게 해주는 책입니다.

아이에게 큰 목소리로 제 주장만 하는 것이 마음을 전달하는 방법이 아니라는 것을 알려주세요. 가만히 귀 기울여 대화하는 힘을 기를 수 있도록, 아이와 함께 이 책을 읽으면서 다시 한 번 경청의 지혜를 되새겨주세요. 잘 들을 줄 알아야 귀가 커지는 법이니까요.

차례

귀가 큰 아이로 만드는 힘	6
마음에도 귀가 있다면	11
사오정 선생님	23
합창단의 운명	34
손마녀의 정체	50
억지 도우미	59

비밀 임무 ········ 78

연습이 시작되다 ········ 92

귀 기울여 봐 ········ 105

산 넘어 산 ········ 122

마음의 문을 열어줘 ········ 131

어른들의 비밀 ········ 142

진실의 소리 ········ 151

여럿이 함께 하려면 ········ 160

무대에 서다 ········ 170

아름다운 울림 ········ 185

진심으로 친구의 말에 귀를 기울이면… ········ 199

마음에도 귀가 있다면

"딱, 딱, 딱, 딱."

어디선가 박자를 맞추는 것처럼 일정한 속도로 바닥을 계속 두드리는 소리가 들려왔다. 조용한 전철 안이라 그런지 그 소리는 더욱 크게 들렸다.

'에이, 시끄러워!'

현이는 어디서 소리가 들리는지 보려고 사방을 두리번거렸다.

'저 아저씨인가?'

흰 머리가 덥수룩하고 검은 안경을 낀 아저씨가 지팡이로 바닥을 두드리며 천천히 걸어오고 있었다.

'거지 아저씨구나! 차라리 하모니카를 불거나 음악을 틀어

주지…….'

현이는 할아버지와 함께 전철을 타고 가는 중이었다. 할아버지는 보청기를 끼기 때문에 현이가 큰 소리로 말을 해야 겨우 알아들었다. 현이는 조용한 전철 안에서 자기까지 큰 소리로 소란을 떨고 싶지 않았다. 그래서 할아버지의 손을 잡은 다음 힘을 주어 신호를 보냈다.

"현아, 왜?"

할아버지가 감고 있던 눈을 번쩍 떴다. 현이가 좋아하는 바이올린 연주회를 보여 주려고 예술회관에 데리고 갔던 할아버지는 고단했는지 깜박 잠이 들었던 모양이다.

"…….”

"할아버지, 진짜 시끄러워요. 짜증 나! 왜 이렇게 사람들이 많은 데서 저런 소리를 내고 다니는 건지 모르겠어요."

할아버지는 안경 너머로 지팡이로 바닥을 두드리는 아저씨를 유심히 바라보았다.

"딱, 딱, 딱, 딱."

그런데 할아버지는 그저 가만히 바라보기만 할 뿐 아무 말도 하지 않았다.

'할아버지!'

현이는 할아버지의 오른손을 다시 꽉 움켜잡았다.
"현아, 잠깐만!"
할아버지는 현이의 어깨를 감싸면서 달래듯 말했다.
'아저씨, 빨리 지나가세요! 시끄럽단 말이에요.'
보고 싶지 않은 것을 보지 않으려면 두 눈만 질끈 감으면 된다. 하지만 시끄러운 소리를 듣지 않으려면 두 손을 들어 귀를 막아야 하니 참 귀찮은 일이다.
그때 옆 칸의 문이 드르륵 소리를 내며 열렸다. 문이 열리자마자 "딱, 딱, 딱" 하는 소리가 들려왔다.
'뭐야? 이제는 양쪽에서 소리가 들리잖아!'
현이는 정말 어이가 없었다.
새롭게 바닥을 두드리는 소리가 들리자, 검은 안경을 낀 아저씨는 신이 나는지 더욱 힘차고 빠르게 지팡이로 바닥을 두드리기 시작했다.
"딱딱딱딱!"
"딱딱딱!"
문이 열리고 나타난 사람은 파란색 야구 모자를 쓴 아저씨였다. 검은 안경을 끼지는 않았지만, 두 눈을 꾹 감고 있어서 한눈에 보아도 시각 장애인이라는 사실을 알 수 있었다.

검은 안경을 낀 아저씨와 파란색 야구 모자를 쓴 아저씨는 서로 누가 지팡이 소리를 크게 내는지 시합이라도 하는 듯, 동시에 바닥을 두드리면서 다가가는 중이었다. 두 사람의 거리가 점점 가까워졌다.

현이는 아저씨들이 왜 그런 행동을 하는지 몹시 궁금했다.

'도대체 어떻게 된 일이지?'

먼저 검은 안경을 낀 아저씨가 지팡이를 멈추었다. 바로 코앞에 파란색 야구 모자를 쓴 아저씨가 서 있는 것을 아는 모양이었다.

현이는 눈을 크게 뜨고 그 모습을 지켜보았다.

'무슨 일이 벌어질까?'

검은 안경을 낀 아저씨는 지팡이를 짚지 않은 손으로 파란색 야구 모자를 쓴 아저씨의 팔을 덥석 잡았다.

"자네, 만수 맞지?"

"그래! 나야, 형복아!"

두 사람은 서로 얼싸안고 한참 동안 서 있었다.

"이제 다른 사람 도움 없이 우리 힘만으로 만날 수 있겠어!"

"암, 그렇고말고!"

두 사람은 정답게 어깨동무를 한 채 다음 역에서 내렸다. 두 사람이 내리자마자 할아버지는 현이의 손을 힘주어 잡으며 말했다.

"눈이 보이지 않으니까 두 친구가 서로 지팡이 소리를 내면서 만나기로 했구나! 정말 장하고 지혜로운 사람들이야."

할아버지의 목소리는 엄청 크게 들렸다. 보청기 때문에 할아버지의 목소리는 저절로 커질 때가 많았다. 주변에 앉아 있던 사람들이 할아버지의 말을 알아듣고 고개를 끄덕거렸다. 맞은편에 앉아 있던 아줌마와 할머니도 서로 맞장구를 치면서 말했다.

"처음엔 거지인 줄 알았지 뭐예요."

"지팡이를 하도 세게 두드려 대서 돈이라도 달라고 하는 줄 알았지!"

할아버지가 현이에게 물었다.

"현아, 아까 무슨 말을 하려고 했던 거야?"

"……."

현이는 꿀 먹은 벙어리처럼 잠자코 있었다.

"할아버지가 조용히 하라고 그 아저씨를 혼냈으면 했지?"

현이는 그저 고개만 끄덕거렸다.

"가만히 기다릴 줄도 알아야 한단다. 섣불리 행동하기 전에 먼저 잘 보고, 잘 들어야 해."

하마터면 큰 실수를 할 뻔했다. 만약 할아버지가 시끄럽다고 그 아저씨를 야단이라도 쳤다면 어떻게 되었을까?

"후유!"

현이는 안도의 한숨을 내쉬면서 할아버지의 손을 다시 꼭 쥐었다.

"왜 이렇게 늦었어?"

엄마가 현이를 보자마자 눈을 부릅뜨고 말했다.

"어멈아, 내가 현이 데리고 바이올린 연주회에 다녀왔다. 우리 현이가 숨소리 한번 크게 내지 않고 아주 열중해서 듣더구나."

엄마는 할아버지의 말에 건성으로 "네, 네" 하고 대답하고는 다시 현이에게 말했다.

"숙제는 다 했어? 어서 손 씻고 방에 들어가서 빨리 해."

현이는 욕실 문을 소리 내어 쾅 닫으며 중얼거렸다.

"뭐든지 엄마 마음대로야. 엄마는 대장이고, 나는 졸병 같아. 짜증 나, 진짜!"

현이는 비누를 거칠게 움켜쥐고 손을 박박 씻었다. 손을 다 씻고 방으로 들어오자마자 바이올린을 어깨에 올려놓았다. 그러고는 아까 연주회에서 행복한 표정으로 독주를 하던 바이올리니스트를 떠올리며 연주를 시작했다.

'아빠! 할아버지랑 같이 바이올린 연주회에 다녀왔어요. 정말 좋았어요! 아빠가 만들어 준 이 바이올린으로 나도 빨리 큰 무대에서 연주하고 싶어요!'

바이올린을 들고 있으면 저절로 아빠와 이야기를 하게 된다. 바이올린을 켜는 동안에는 아빠가 하늘나라에 계신 것이 아니라 바로 곁에 있는 것처럼 느껴졌다.

그때 방문이 벌컥 열리며 찬바람이 획 들어왔다.

"한밤중에 바이올린을 켜면 어떻게 하니? 이웃집에서 시끄럽다고 뭐라고 할 텐데. 숙제는 다 한 거야? 내일 시간표대로 가방은 챙겨 놓았고?"

현이는 엄마의 말을 못 들은 척 바이올린을 계속 켰다.

"이현, 엄마가 하는 말이 안 들려?"

현이가 연주를 그치지 않자, 엄마는 다가와 바이올린 활을 확 낚아채며 화를 냈다.

"이현, 너 이렇게 자꾸 고집 부리면 엄마도 생각이 있어.

당장 바이올린 압수할 거야!"

"엄마, 지금 바이올린 좀 켜면 안 돼요? 지금 하고 싶단 말이에요. 엄마도 엄마가 좋아하는 걸 하고 싶을 때가 있잖아요. 어른들은 하고 싶은 거 마음대로 다 하면서, 애들은 왜 안 되는 건데요?"

"너 때문에 정말 미치겠다."

엄마는 바이올린을 휙 빼앗아 들고 저만치 물러나 말을 이었다.

"넌 오늘 학교 숙제도 안 했고, 태권도 도장에도 안 갔어."

"할아버지가……."

"그래. 할아버지랑 연주회에 다녀온 것까지는 좋아. 그런데 넌 방에 들어오자마자 바이올린부터 켰잖아. 그것도 캄캄한 밤중에 이웃들 생각은 하지도 않고 말이야."

현이는 고개를 푹 수그렸다. 엄마와 눈을 마주치고 싶지 않았다.

"어서 숙제부터 해! 바이올린은 엄마랑 약속한 것 다 하고 나면 내일 돌려줄 테니까."

현이는 온몸의 힘이 다 빠져나가는 것 같아 털썩 의자에 주저앉았다.

"선생님도 새로 오신다면서? 엄마는 네가 새로 오시는 선생님한테 숙제도 제대로 하지 않는 아이로 보일까 봐 걱정이야."

현이는 눈앞이 뿌옇게 흐려졌다. 마지못해 가방에서 알림장을 꺼냈지만 글자가 흐물흐물 제멋대로 움직였다. 엄마는 현이의 어깨를 토닥토닥 두드리면서 한결 누그러진 음성으로 말했다.

"현아, 내후년이면 너도 중학생이야. 이제 너도 다른 아이들처럼 학교생활을 잘 해야 해. 공부도 열심히 하고, 운동도 꾸준히 해서 훌륭한 사람이 되어야지!"

'엄마는 엄마가 하고 싶은 말만 해! 내 마음은 하나도 모른다고.'

엄마가 바이올린을 들고 나가자, 현이는 알림장을 방바닥으로 내동댕이쳐 버렸다.

"똑똑똑."

방문을 조심스럽게 두드리는 소리가 들렸다. 분명히 할아버지일 것이다. 엄마는 아무 때나 방문을 벌컥벌컥 열어젖히니까.

"예, 할아버지!"

현이는 할아버지에게 잘 들리도록 고함을 지르듯 크게 대답했다.

"우리 현이한테 줄 깜짝 선물이 있지."

할아버지는 등 뒤에 뭔가를 감춘 채 방 안으로 들어왔다.

"뭐예요, 할아버지?"

할아버지는 불쑥 선물을 내밀었다. 의자 방석만 한 크기의 네모난 액자였다.

"낙타다!"

액자 속 그림에는 낙타 두 마리가 태양이 이글이글 타오르는 황량한 사막을 걸어가고 있었다.

"네 거란다."

"할아버지가 주시는 거예요?"

할아버지는 고개를 가로저었다.

"……."

할아버지의 눈가가 촉촉하게 젖어 들었다.

'누군지 알 것 같아요…….'

현이는 더 이상 묻지 않고 조심스럽게 그림을 받았.

할아버지는 머뭇머뭇하다가 말을 꺼냈다.

"……이 그림엔 수수께끼가 들어 있단다."

"무슨 수수께끼요?"

"네가 꼭 풀어야 할 수수께끼야. 그런데 수수께끼 내용이 뭔지 알아야 풀겠지?"

"네."

"엄마랑 한 약속을 잘 지켜서 바이올린을 돌려받게 되면 그 때 알려 주마."

"할아버지, 궁금해요."

"그럼 바이올린을 빨리 찾으면 되잖아. 바이올린을 늦게 찾을수록 수수께끼를 푸는 일도 늦어지는 거지."

"그럼 바이올린을 되찾으면 꼭 알려 주셔야 해요!"

현이는 재빨리 방바닥에 내던졌던 알림장을 집어 들었다.

사오정 선생님

"야!"

날카로운 음성이 귓가를 스쳐 갔다. 하지만 현이는 자기를 부르는 소리인 줄 전혀 몰랐다.

"야, 이현! 너 귀먹었냐?"

그제야 고개를 돌려 보니 은미가 팔짱을 끼고 도도하게 서 있었다.

"일기장 검사하는 날이잖아. 너만 빼놓고 다 냈거든."

동글동글한 눈매에 유난히 입술이 붉은 은미는 반에서 제일 예쁜 아이다.

'얼굴은 예쁜데, 말만 하면 입에서 뱀이랑 개구리가 튀어나오는 동화 속 마녀 같다니까!'

현이는 그런 생각을 하며 멀뚱멀뚱 은미를 바라보았다.

"진짜 귀머거리 아냐? 일기장 내라니까, 빨리!"

은미는 금방이라도 한 대 때릴 것처럼 주먹을 움켜쥐면서 윽박질렀다. 일기장을 내기는 했지만, 현이는 은미의 거만한 태도에 무척 화가 나 내뱉듯 말했다.

"됐어."

"뭐? 뭐가 됐다는 거야. 미친놈이야, 진짜!"

"뭐라고? 미친놈?"

현이의 눈가가 파르르 떨렸다.

"전학 온 지 얼마 되지 않아서 여태껏 봐줬는데, 더 이상은 못 봐주겠다. 왜?"

은미는 숨소리까지 거칠어져서 씩씩거리며 말을 이었다.

"빨리 일기장 내라는 말이 안 들렸어? 참, 미친놈이란 소리를 들은 걸 보면 귀머거리는 아닌 모양이네!"

은미의 말에 아이들이 까르르 웃었다.

현이는 아무 말도 하지 않았다. 화가 나면 그저 입을 다물거나 못 들은 척 귀를 닫아 버리면 그만이었다. 그런 사실을 알 리 없는 은미는 현이의 태도에 잔뜩 독이 올라서 벌겋게 달아오른 얼굴로 소리쳤다.

"야! 이게 정말 까불고 있어. 너 한 대 맞을래?"

"……."

현이는 일부러 아무렇지도 않은 표정을 지으며 창밖을 내다보았다. 그때 수업 시작종이 울렸다.

"너, 죽었어!"

은미는 거칠게 숨을 몰아쉬며 자기 자리로 돌아갔다.

"우와! 이현, 너 강적이다."

옆자리에 앉아 있던 석우가 감탄하듯 말했다. 아이큐가 140이 넘는다고 소문난 석우는 중학생처럼 키가 컸다. 검은색 뿔테 안경을 쓴 석우의 얼굴에 진심으로 부러워하는 기색이 역력했다.

"이현, 앞날이 걱정된다! 잠자는 사자의 코털을 건드리다니……."

뒷자리에 앉은 재범이가 혼잣말치고는 제법 큰 목소리로 떠들어 댔다. 꽤나 명랑한 데다 눈이 항상 초승달같이 웃고 있는 아이였다. 현이는 고개를 휙 돌려 재범이를 똑바로 바라보며 물었다.

"쟤가 정말 사자야?"

"아, 깜짝이야! 이현이랑 처음으로 말해 보네."

재범이는 두 눈이 휘둥그레지더니, 잠시 두리번거리며 은미가 어디에 있는지 살펴 본 다음 현이의 귓가에 속삭였다.

"너, 전학 와서 손은미가 어떤 애인 줄 아직 모르지? 두고두고 뒤끝 있는 애다! 그래서 남자 애들도 슬슬 피하는 거야.

이현, 너 큰일 났다! 한동안 은미한테 엄청 시달릴걸!"

현이는 재범이의 말을 들으며 생각했다.

'은미는 얼굴만 예쁘고 속은 그 반대니까, 이제부터 '손마녀'라고 부를 거야!'

현이의 마음속에 찬바람이 쌩 불었다.

다정다감한 성격에 음악을 좋아하던 김희정 선생님이 갑자기 학교를 그만두시는 바람에 현이네 반은 새로운 담임선생님을 맞게 되었다. 새 담임선생님은 부임한 첫날, 대뜸 이름을 알아맞히는 게임을 하자고 했다.

"조용, 조용히! 내 이름이 뭔지 알아맞혀 볼래? 자, 힌트를 하나 주겠다."

그 순간 현이의 머릿속에 번뜩 떠오르는 얼굴이 있었다.

'사오정!'

까맣고 쭈글쭈글한 얼굴에 두툼한 귀마개를 쓴 겁쟁이, TV 만화 영화에서 본 그 '사오정'과 닮아 보였다. 새 담임선생님이 사오성보다 훨씬 키도 크고 잘생긴 얼굴인데, 왜 비슷해 보이는지 모를 일이었다.

선생님이 말을 이었다.

"힌트! 잘 들어라. 내 이름은 우리나라 국방부 장관을 하면 썩 잘 어울릴 이름이지."

별명이 '번개'일 만큼 매사에 성급한 재범이가 가장 먼저 손을 번쩍 들었다.

"저요! 선생님, 장군이요. 장군 맞죠?"

"흐음, 아깝다! 거의 비슷했지만 아니야."

그러자 은미가 손을 들고 말했다.

"선생님, 장수 아닌가요? 장군이랑 비슷한 말은 장수잖아요."

선생님은 싱글벙글 웃으며 대답했다.

"오호, 맞았어! 내 이름은 바로 오장수다."

거의 정답을 맞힐 뻔했던 재범이는 부루퉁한 얼굴로 중얼거렸다.

"얼핏 들으면 오이 장수 같네."

그 말을 듣고 아이들이 모두 와하하 웃었다. 그러자 은미를 보며 활짝 웃고 있던 선생님의 표정이 싹 굳어졌다.

"뭐? 나보고 오이 같다고? 내가 오이처럼 생겼단 말이야?"

선생님이 벌컥 화를 냈다. 아이들은 잠시 어리둥절한 표정을 짓다가 곧 상황을 파악하고는, 터져 나오는 웃음을 참느라

입을 틀어막고 야단이었다. 선생님이 조금 화가 난 음성으로 말했다.

"내 사십 평생에 오이같이 생겼다는 말은 처음 들었다!"

"크크크큭!"

원래 웃음이 많은 석우가 결국 웃음보를 터뜨리고 말았다. 석우의 웃음은 금세 다른 아이들 모두에게 전염이 되었다.

"이것들 봐라! 내가 웃겨? 아주 건방진 놈들이네."

선생님은 더욱 화가 치밀어 오르는지 아래턱을 부들부들 떨며 말했다.

"너 이 녀석, 이름이 뭐야? 아까 차렷, 경례 했던 남자회장 녀석 맞지?"

선생님의 분노가 석우한테 집중적으로 쏟아질 기세였다.

'오장수 선생님은 귀가 정말 사오정이네!'

현이는 바늘에 찔린 것처럼 가슴이 뜨끔했다.

선생님은 소리를 빽 질렀다.

"너, 담임선생이 너희들 웃기는 개그맨처럼 보이냐?"

식우는 무안한 나머지 얼굴이 귀까지 빨갛게 달아올랐다. 아이들 모두 꿀 먹은 벙어리처럼 아무 말도 못하고 있었다.

"너 이 녀석, 이리 나와서 두 손 번쩍 들고 서 있어! 반 이이들한테 모범을 보여야 할 회장이라는 녀석이…….”

그때 현이가 자기도 모르게 손을 번쩍 들어 버렸다.

“뭐야? 넌 왜 손을 드는데?”

“선생님께서 잘못 들으신 거예요.”

“내가 잘못 들었다고?”

“네. 그, 그러니까 사오정처럼 잘못 들으셨어요!”

그 말에 선생님은 깜짝 놀란 표정을 지었다.

“사오정? 내 별명이 사오정인 걸 어떻게 알았지?”

어느새 선생님의 얼굴에는 분노가 사라지고 오히려 약한 모습이 나타났다.

“그러니까 내가 잘못 들었단 말이지?”

그제야 아이들은 “맞아요!” 하고 동시에 외치면서 다시 기를 펴고 떠들기 시작했다.

교탁 앞에 서 있던 석우가 말했다.

“얼굴이 오이같이 생겼다는 게 아니고, 이름이 오이 장수 같다고 한 거예요.”

그 말을 듣고 선생님은 멋쩍게 웃으며 뒷통수를 긁적였다.

“원래 내 별명이 사오정이야. 가끔 사람들 말을 잘못 알아들을 때가 있거든. 어이, 회장! 미안하다, 이해해라.”

선생님이 석우의 어깨를 툭 치면서 마지못해 잘못을 인정했다. 그날부터 오장수 선생님의 별명은 '사오정'이 되었다.

교실 청소를 마친 후, 석우가 선생님께 물었다.
"선생님, 오늘 합창단 연습 하나요?"
그러나 사오정 선생님은 하마처럼 입을 쩍 벌리고 하품만 할 뿐 아무런 대답을 하지 않았다. 다시 석우가 말했다.
"선생님 오시기 전에 예전 담임선생님이셨던 김희정 선생님이랑 합창단을 만들었거든요."
선생님은 회전의자가 잘 돌아가는지 알아보려는 것처럼 의자를 뱅뱅 돌리면서 다른 이야기를 했다.
"너희 다음 주에 수학경시대회 있지? 경시대회 준비나 잘 해라."
"선생님, 학예회 때 우리 반은 합창을 하기로 되어 있는데요."
석우가 다시 말을 하자, 선생님은 자리에서 벌떡 일어나며 말했다.
"교무실에 회의하러 간다. 교실 문 잘 잠그고 가라."
선생님이 앞문을 열고 나가 버리자, 석우는 맥이 빠져서 혼잣말하듯 중얼거렸다.

"뭐야! 우리 선생님 진짜 사오정이야."

현이는 갑자기 불안해졌다.

'그럼 합창단 연습은 어떻게 되는 거지?'

선생님은 합창단에 대해서 아무 말도 하지 않았지만 어쩐지 예감이 좋지 않았다.

'김희정 선생님이 나한테 합창단에서 바이올린을 연주해 달라고 부탁하셨는데……. 사오정 선생님은 알고 계실까?'

수학 학원에서 밤늦게까지 강의를 하는 엄마는 일을 마친 후 집에 돌아오면 파김치가 되어 축 늘어지곤 했다. 현이는 엄마의 피곤한 얼굴을 볼 때마다 하고 싶은 이야기도 꿀꺽 삼키곤 했지만, 오늘만큼은 언짢은 마음을 감추고 싶지 않았다.

"엄마, 괜히 전학 왔나 봐요."

순간 할아버지와 현이가 먹은 저녁 설거지를 하던 엄마의 손놀림이 멈추었다.

"왜? 할아버지랑 같이 살게 됐다고 좋아했잖아. 게다가 학교가 집에서 엎어지면 코 닿을 만큼 가까운데 뭐가 어때서?"

"김희정 선생님이 그만두시는 바람에 합창단이 없어지게

생겼어요. 새로 오신 선생님은 합창단에는 조금도 관심이 없는걸요."

"난 또 뭐라고. 합창단을 하지 않아도 바이올린은 집에서 얼마든지 켤 수 있잖아."

"그렇지만 학교에서 애들이랑 같이 어울리면서 하는 거랑 다르잖아요. 집에서 나 혼자 하는 것보다 훨씬 재미있다고요."

"괜히 엄마 가슴만 철렁했네. 쓸데없는 걱정 말고, 비타민 먹고 일찍 자. 성장 호르몬 분비되는 시간 알지? 밤 열 시부터 새벽 두 시 사이라는 거."

방으로 들어온 현이는 이불을 덮고 누워 천장을 바라보았다. 새삼스레 김희정 선생님이 보고 싶었다. 합창단을 한다고 해서 전학 오길 잘했다고 생각했는데 그게 아니었다. 김희정 선생님이 계실 때는 몰랐는데, 떠나시고 나니 무척 아쉬웠다.

"김희정 선생님이 다시 오시면 안 되나? 왜 내가 오자마자 그만두신 거야? 아, 합창단이 없어지면 안 되는데……."

현이는 스르르 눈을 감으면서 생각했다.

'엄마는 내 마음도 몰라! 합창단이 나한테는 비타민이고 성장 호르몬인데!'

합창단의 운명

음악실 앞 복도를 지나갈 때였다. 아이들의 노랫소리가 들려왔다.

낮에 놀다 두고 온 나뭇잎 배는
엄마 곁에 누워도 생각이 나요
푸른 달과 흰 구름 둥실 떠가는
연못에서 사알살 떠다니겠지

현이는 자기도 모르게 2절을 따라 부르기 시작했다.
"연못에다 띄워 논 나뭇잎 배는……."
바로 〈나뭇잎 배〉란 노래였다. 김희정 선생님과 반 아이들

이 합창곡으로 지정한 노래였다.

'노래는 잘 못해도 바이올린으로 멋지게 연주할 자신은 있는데…….'

현이는 음악실에서 합창을 하는 아이들 속에 함께 있었으면 싶었다. 사오정 선생님은 아직 합창단 이야기를 한 번도 꺼내지 않았다.

엄마 곁에 누워도 생각이 나요
살랑살랑 바람에 소곤거리는
갈잎 새를 혼자서 떠다니겠지

음악실 앞 복도에 선 채 현이는 노랫소리에 맞춰 바이올린을 켜는 시늉을 하기 시작했다. 현이의 귀에만 들리는 바이올린의 선율은 쓸쓸하고 아름다웠다.

'나뭇잎 배를 연못에 띄운 아이는 왜 잠이 오지 않을까?'

현이의 마음속에 푸른 달과 흰 구름이 둥실 떠가는 고요한 연못이 그려졌다.

'이 아이는 어쩌면 나처럼 친구가 없고 아빠도 안 계신 아이일지 몰라. 아이는 분명히 나뭇잎 배에 뭔가를 담아서 보냈

을 거야. 다음 날 아이가 찾아가도 나뭇잎 배는 남아 있을까?'

현이의 마음속에 그리움이 점점 차오르기 시작했다.

'나뭇잎 배야, 아이가 다음 날 연못으로 너를 찾아갈 때까지 튼튼하게 잘 견뎌 내야 해.'

연못을 떠다니는 나뭇잎 배처럼, 바이올린은 아름다운 멜로디를 담고서 현이의 마음결을 따라 둥둥 떠다녔다. 눈을 감고 바이올린을 켜는 데 몰두하느라 옆에 누가 온 줄도 몰랐다.

"이현! 너 방금 뭐 했냐?"

석우였다. 현이의 얼굴이 순식간에 빨갛게 달아올랐다. 그 모습을 보며 석우가 말했다.

"넌 참 특이해!"

현이는 아무 말도 하지 않았다. 석우가 다시 입을 열었다.

"저 노래 들으니까 김희정 선생님이랑 합창단 생각난다."

석우의 말에 현이는 고개를 끄덕거렸다.

"현이 네가 제대로 봤어. 우리 선생님은 사오정이야. 합창단 이야기만 나오면 못 들은 척하니까. 아무래도 합창단이 없어질 것 같아."

현이는 가슴이 철렁했다.

"정말? 합창단을 안 하신대?"

"하긴 선생님한테 직접 물어보지 않고는 알 수 없는 일이지, 뭐."

석우는 이렇게 대답하고는 음악실에서 흘러나오는 노랫소리에 잠시 귀를 기울였다. 그러다가 현이에게 물었다.

"너, 아까 바이올린 연주하는 흉내 냈지? 진짜로 연주하는 것 같았어, 투명 바이올린으로!"

현이는 대답 대신 빙그레 웃기만 했다. 석우가 다시 한 번 물었다.

"바이올린 켤 줄 알아? 난 피아노만 치는데."

현이가 또 빙긋 웃자, 석우는 고개를 갸우뚱하며 말했다.

"너 말이야……, 사실 넌 거의 말이 없잖아. 그런데 며칠 전에 선생님한테 내가 혼날 때 내 편을 들어 줘서 진짜 고맙더라."

현이는 그저 미소만 지었다. 딱히 뭐라고 할 말이 없었다.

"선생님이 갑자기 버럭 화를 내시는 바람에 다들 놀라서 아무 말 못하고 있었잖아. 사실은 나도 무척 당황했거든. 너 보고 우리 반 애들이 뭐라고 하는 줄 알아? 전에는 '말없음표'였는데, 지금은 '말줄임표'래."

현이는 마음속으로 대답했다.

'난 내 마음을 표현하는 데 서툴러.'

석우가 마치 그런 현이의 속마음을 읽은 것처럼 말했다.

"내일 우리 집에 놀러 올래? 피아노랑 바이올린으로 〈나뭇잎 배〉 한번 맞춰 보자. 어때?"

현이가 얼른 대답했다.

"그래!"

"좋아! 내일 우리 집에 가자."

석우는 현이를 바라보며 정답게 웃었다.

"자, 받아."

엄마가 바이올린을 돌려주며 말했다.

"약속을 잘 지켜 줘서 고마워. 우리 아들, 엄마 마음 알지?"

바이올린을 품에 안자 현이의 마음이 반가움으로 가득 차올랐다.

오늘은 참 기분 좋은 날이다. 햇살은 눈이 부실 정도로 환하고, 창으로 들어오는 바람도 무척이나 상쾌하게 느껴졌다.

"엄마, 우리 반에 김석우라는 애가 있는데, 내일 바이올린 가지고 집에 놀러 오래요."

엄마는 깜짝 놀랐는지 눈이 휘둥그레졌다.

"그으래? 벌써 친구가 생겼어? 우리 아들 제법인걸!"

현이는 바이올린을 들고 얼른 방으로 들어왔다. 그러고는 곧바로 〈나뭇잎 배〉를 켜기 시작했다. 현이의 입가에 즐거운 미소가 떠나지 않았다.

다음 날, 수업이 끝나자마자 현이는 석우와 함께 교문을 나섰다. 그때 날카로운 목소리가 들렸다.

"김석우!"

뒤를 돌아보자 은미가 살벌한 눈초리로 현이를 쏘아보며 서 있었다. 석우는 움찔하더니 무슨 잘못이라도 저지른 사람처럼 눈을 내리깔며 대답했다.

"어, 왜?"

"잠깐만 이리 와 봐!"

은미는 당당했다. 석우는 떨떠름한 표정이었지만 두말없이 은미한테 다가갔다. 그 모습을 보고 있자니 현이는 괜스레 짜증이 났다.

'뭐야, 도대체.'

은미는 석우의 귀에 대고 뭐라고 속닥거렸다. 그러자 석우는 현이를 곁눈질로 한번 살피더니 시무룩한 표정을 지으며 말했다.

"지금은 안 돼. 이미 약속했어."

"너, 지금 나한테 반항하는 거야? 내 말을 무시하겠다 이거지?"

은미는 발로 땅바닥을 쿵쿵 구르며 석우를 무섭게 노려보았다.

"그게 아니라……."

그 순간 은미가 갑자기 석우의 정강이를 세게 걷어찼다.

"아얏!"

"너, 지금 이현이랑 같이 가면 정말 재수 없어! 나랑 끝인 줄 알아!"

은미는 마치 현이 들으라는 듯 큰 소리로 또박또박 말을 하고는 교문 밖으로 휙 나가 버렸다.

석우는 한숨을 푹 내쉬며 현이에게 말했다.

"미안해. 우리 엄마가 은미랑 절대로 싸우지 말라고 했거든."

그러고는 도망치듯 허둥지둥 교문을 빠져나갔다. 졸지에 현이 혼자 남았다.

'석우가 손은미한테 꼼짝도 못하는 거야?'

갑자기 맥이 탁 풀렸다. 온몸의 기운이 다 빠져나가는 듯했다. 그냥 집으로 돌아온 현이는 석우와 함께 연주하려고 했던 곡을 혼자 연주했다.

'괜찮아! 언제 나한테 친구가 있었나, 뭐.'

왼쪽 어깨에 바이올린을 올려놓고 오른손으로 활을 움직이는데, 눈에 눈물이 고이면서 눈앞이 뿌옇게 변했다.

'괜찮아. 나한텐 바이올린이 있으니까.'

섭섭하고 허전한 마음이 그대로 선율에 실려 나갔다.

"똑, 똑, 똑."

연주에 열중하느라 현이는 방문을 두드리는 소리도 듣지 못했고 조심스럽게 방문이 열리는 것도 몰랐다.

"현아, 드디어 바이올린을 돌려받았구나!"

현이는 그제야 손을 멈추고 고개를 돌렸다. 할아버지가 싱글벙글 웃는 얼굴로 앞에 서 있었다.

"그럼 이제 아빠가 선물해 준 그림의 수수께끼 문제를 알려 줘야겠는걸."

"아……."

석우와 어울릴 생각에 들뜬 나머지 그림의 수수께끼는 까맣게 잊고 있었다.

"현아, 이 그림 속의 낙타 두 마리는 사막을 여행하는 중이야. 사막을 가다 보면 어딘가에서 오아시스를 발견하고 쉬어 가기도 하겠지. 자, 이 두 마리 낙타 중에서 과연 어느 낙타가 사막의 끝까지 갈 수 있을 것 같으냐? 한번 맞혀 보려무나."

현이는 그림 속 낙타 두 마리를 흥미롭게 바라보았다. 낙타들은 생김새가 아주 달랐다. 한 녀석은 몸집이 통통한 데다 등에 솟아오른 혹이 아주 크고 무거워 보였다. 다른 녀석은 날씬하고 혹도 작아서 아주 날렵해 보였다.

얼핏 보면 날씬한 낙타가 끝까지 잘 갈 수 있을 것처럼 보였지만, 그 낙타의 눈은 어쩐지 딴생각을 하는 듯했다. 반면 통통한 낙타의 눈은 무척 영리해 보였다.

"글쎄요……. 할아버지는 답을 아세요?"

"알고말고. 현아, 서두르지 말고 천천히 시간을 갖고 한번 생각해 봐라."

할아버지가 방에서 나간 뒤에도 현이는 한참 동안 그림을 들여다보며 생각에 잠겼다.

'녀석들한테 이름을 지어 주어야겠어. 날씬한 낙타는 '날타'라고 부르고, 통통한 낙타는 '통타'라고 불러야지.'

다음 날 급식 시간이었다. 은미는 기분이 좋은지 해죽거리면서 석우 곁을 맴돌았다.

"석우야, 이 게임 씨디 빌려 줄까?"

"우와! 진짜 빌려 주는 거야?"

석우는 교장 선생님한테 상장이라도 받는 것처럼 공손하게 씨디를 받았다.

"석우 너한테 제일 먼저 빌려 주는 거야. 아직 아무한테도 빌려 주지 않았거든."

세상에, 은미한테 저런 목소리가 숨어 있을 줄이야! 귀여움과 애교가 철철 넘쳐흐르는 목소리였다. 현이는 왠지 씁쓸했다. 아주 쓰디쓴 한약을 먹은 기분이었다.

"주목! 자, 합죽이가 됩시다."

종례 시간. 사오정 선생님이 엄한 표정을 지었다. 아이들은 마지못해 "합!" 하는 소리를 내며 입을 다물었다.

"교감 선생님께서 특별히 부탁을 하셔서…… 에, 그러니까……."

선생님은 머뭇머뭇 말을 못하고 곤란하다는 듯이 뒷머리만 벅벅 긁었다.

"그게 말이야. 에, 교감 선생님이 하도 간곡하게 부탁을 하셔서 말이야. 에, 또…… 심희정 선생님이 떠나시기 전에 합창단을 만들어 놓고 곡도 미리 정했다는데."

현이는 마른 침을 삼키며 귀를 쫑긋했다.

"에, 그래서 학예회 때 우리 반은 합창을 하기로 했다."

현이는 속으로 '우와' 함성을 질렀다. 아이들도 웅성거렸다. 좋아하는 아이들, 싫어하는 아이들, 이래도 저래도 상관이 없는 아이들로 반응이 나뉘어서 제각기 하고 싶은 말을 떠들어 댔다.

"선생님, 피아노랑 바이올린도 같이 하기로 했는데, 누가 연주할지는 아직 정하지 않았어요."

은미가 손을 번쩍 들고 말했다. 은미는 상황에 따라서 성우처럼 목소리가 달라졌다. 이번에는 착한 꾀꼬리였다.

"흠, 그런가? 그럼 피아노 잘 치는 사람은 누구야?"

"김석우를 추천합니다. 석우는 피아노 대회에서 상도 여러 번 받았어요."

예쁘장하고 착한 꾀꼬리가 알아서 척척 대답하자 선생님은 무척 흐뭇한 모양이었다.

"그래? 좋아, 석우가 피아노 반주를 맡도록 하고. 그럼 바이올린은 누가 하지?"

현이는 가슴이 괜히 두근거렸다. 전에 다니던 학교였다면 아이들은 당연히 현이를 추천했겠지만, 지금 여기서는 현이의 바이올린 연주를 들어 본 사람이 아무도 없었다. 그나마

현이의 연주를 들어 본 김희정 선생님마저 떠났기 때문에 이 학교에서는 어느 누구도 현이의 연주 실력을 제대로 알지 못했다.

"바이올린 배우는 사람 없나? 추천 좀 해 봐!"

석우가 손을 번쩍 들었다.

'쳇, 은미를 추천하려고 하나? 그래, 서로 잘해 봐라!'

현이는 새삼 석우에게 섭섭한 마음이 들어서 고개를 획 돌렸다.

"이현이 바이올린을 잘 켤 거예요."

"현이가?"

석우의 말에 선생님은 물론이고 아이들 모두 놀란 표정을 지었다. 현이도 깜짝 놀랐다.

"선생님, 현이는 지정곡인 〈나뭇잎 배〉도 켤 줄 알아요."

"침묵의 사나이 이현이 바이올린을 켤 줄 안단 말이지? 알았어."

선생님은 선선히 받아들였다. 그런데 갑자기 연지가 자리에서 벌떡 일어나 야단스럽게 소리를 질렀다.

"선생님, 손은미 시켜요. 은미가 잘해요!"

그 소리는 마치 "불이 났어요, 불이!" 하고 다급하게 외치는 것 같았다.

"와하하하!"

아이들은 연지의 심각한 표정과 커다란 목소리에 웃음을 터뜨렸다. 연지는 늘 주위가 산만해서 한곳에 가만히 있지 못하고, 가끔은 엉뚱한 행동을 하기도 했다. 그래서인지 아이들은 연지를 바보 취급했다.

'은미가 아니고, 나를 추천하다니…….'

현이는 여전히 석우가 자신을 추천했다는 사실이 믿기지 않았다. 쓸쓸한 마음에 따뜻한 담요 한 장을 덮어 준 느낌이었다.

"그럼 내일 은미하고 현이 바이올린 연주 실력을 한번 볼까? 석우도 피아노 연습 좀 해 오고."

선생님의 말에 은미와 석우는 움찔 놀라면서 긴장하는 기색이 역력했다. 현이도 갑작스러운 일이라 당황했지만 싫지는 않았다. 오히려 마음이 설레었다.

'석우가 나를 추천해 주었어. 나를.'

잔잔한 기쁨이 밀려왔다. 현이는 석우와 눈이 마주치자 빙긋이 웃었다.

'정말 고마워! 내 바이올린 연주를 들어 보지 못했으면서

도 나를 추천해 줘서.'

 석우는 겸연쩍은 표정을 지었다. 그러나 눈빛은 이렇게 말하는 듯했다.

 '그야 네가 잘할 거라고 생각하니까!'

손마녀의 정체

"어? 어, 어디로 갔지?"

현이는 머릿속이 하얘지는 것 같았다. 아무 생각도 나지 않았다. 심장까지 싸늘하게 식어 버리는 듯했다.

"어, 어떡하지!"

순식간에 맥이 풀리면서 다리의 힘도 쭉 빠져 버려 자리에 털썩 주저앉았다.

"뭐야, 뭐야?"

뒷자리에 앉은 재범이가 물었다. 재범이는 말하는 것도 번개처럼 빨랐다. 현이는 아무 말도 할 수가 없었다. 가슴이 먹먹해지고 입이 딱 붙어 버린 것 같았다.

"뭐 잃어 버렸어? 돈이 없어진 거야?"

현이는 고개를 가로저었다.

"그럼 다른 게 없어졌어?"

현이가 힘없이 고개를 끄덕거리자 재범이는 답답하다는 듯 다그쳤다.

"뭔지 알아야 찾아 주지! 아, 답답하네. 어서 말해 봐."

대답을 하고 싶었지만 말할 힘도 없었다. 재범이가 소란스럽게 떠드는 통에 석우가 다가와 물었다.

"현아, 너 뭐 잃어 버렸어?"

"이 자식, 굉장히 중요한 걸 잃어 버렸나 본데 그게 뭔지 말을 안 하네, 답답하게! 돈은 아니라는데."

재범이는 정말로 답답한지 제 가슴을 두드렸다. 석우가 주저앉은 현이를 물끄러미 내려다보며 물었다.

"오늘 혹시 바이올린 가져왔어?"

"……응."

현이는 대답을 하는 것조차도 너무나 고통스러웠다.

"그럼 바이올린이 없어졌어? 진짜?"

재범이는 두 눈을 휘둥그레 뜨고 '어머, 어머!'를 연발하면서 현이의 책상 속을 살피고 가방도 들여다보았다. 그렇게 호들갑을 떠는 재범이의 모습이 싫지 않았다. 오히려 조금은 위

어린이를 위한 경청

로가 되었다.

"가져와서 어디다 뒀는데? 언제 사라진 거야?"

차분하게 묻는 석우의 눈빛이 예리하게 반짝였다.

"책상 옆에 걸어 놓았는데, 청소 시간 끝나고 와 보니까 없어졌어."

현이는 더 이상 아무 말도 하지 않았다. 그 바이올린은 어디에서도 살 수 없는 세상에 하나뿐인 것이라고, 돌아가신 아빠가 직접 만들어 준 것이라고 말하지 않았다.

"기다려 봐, 애들한테 물어보자."

석우는 회장답게 교탁 앞으로 가서 큰 소리로 물었다.

"이현이 오늘 바이올린을 가져와서 책상 옆에 걸어 놓았대. 그런데 청소 시간 끝나고 보니까 어디로 갔는지 사라지고 보이지 않아. 혹시 바이올린 본 사람 있어?"

"……."

아무도 본 사람이 없었다. 그 누구도 현이의 바이올린을 보지 못한 것이었다. 이 반에서 이현이라는 아이는 존재하지 않는 사람 같았다.

현이는 참을 수가 없어서 교실 밖으로 뛰쳐나갔다. 후두두둑 소리가 들리는가 싶더니, 갑자기 비가 쏟아지기 시작했다.

정말 순식간이었다. 비바람이 거세게 몰아쳤다.

현이는 세찬 소나기가 차라리 반가웠다. 가슴속에서 끓어오르는 분노를 소나기가 시원하게 어루만져 주는 느낌이었다. 운동장에 서서 온몸으로 비를 맞으며 하늘을 향해 목청껏 소리를 질렀다.

"내 바이올린 누가 훔쳐 간 거야?"

"이 나쁜 놈아, 빨리 내 바이올린 내놔!"

"아빠, 내 바이올린 어떡해요? 누가 훔쳐가 버렸어요!"

현이는 두 주먹을 허공에 휘두르며 소리를 지른 뒤 그 자리에 주저앉아 울음을 터뜨렸다. 빗물과 눈물이 한데 뒤섞여 얼굴을 적시고, 빗소리에 울음소리가 젖어 들었다.

"현아, 찾았어!"

현이는 순간 귀를 의심했다. 뒤를 돌아보니, 석우와 재범이가 중앙 현관에 서서 동시에 손을 흔들고 있었다. 재범이의 오른손에 바이올린 케이스가 들려 있었다. 눈을 비비고 다시 보아도 틀림없는 바이올린 케이스였다. 친근한 갈색 케이스가 뚜렷이 보였다.

현이는 현관을 향해 쏜살같이 달려갔다. 온몸과 마음을 짓누르던 커다란 바위가 어디론가 사라지고 금방이라도 날아갈 듯 발걸음이 가벼워졌다.

"아!"

현이는 케이스를 받자마자, 얼른 열어 보았다.

"아, 살았다!"

바이올린은 무사했다. 현이는 바이올린을 가슴에 꼭 껴안았다. 이상하게도 안심이 되자 또 눈물이 나올 것만 같았다. 기뻐하는 현이를 보며 재범이가 신이 나서 말했다.

"어떻게 찾았냐면, 별 기대 안 하고 교실 뒤에 있는 청소함을 열어 보았거든. 왜 대걸레랑 빗자루 넣어 두는 자리 있잖아. 글쎄 거기에 현이 네 바이올린이 있었다니까."

"애들이 교실이랑 복도, 화장실까지 다 뒤져 봤어. 아무튼 찾게 돼서 정말 다행이야!"

석우가 옆에서 보충설명을 했다. 그러니까 반 아이들이 다 같이 바이올린 찾기에 나섰다는 말이었다.

"대체 누가 내 바이올린을 청소함에 넣어 둔 걸까?"

현이는 정말 이상하다는 생각이 들었다.

"아무래도 정연지 같아! 연지가 네 바이올린을 보더니 얼굴이 빨개져서 도망가더라."

재범이의 말에 석우도 맞장구를 쳤다.

"그럴지도 몰라. 연지가 황당한 행동을 할 때가 가끔 있거든. 나쁜 애는 아닌데 말이야. 오죽하면 애들이 사차원에서 온 바보라고 놀리겠어?"

재범이가 현이의 팔을 다정하게 끌며 말했다.

"아무튼 어서 교실로 가자. 선생님이 너 찾으셔."

현이는 선생님이 바이올린 연주를 시켜 보겠다고 했던 것을 기억했다.

"석우 너는 피아노 쳤어?"

"아직 못 쳤지, 당연히! 현이 네 바이올린 찾느라고 석우랑 나랑 무지 바빴어."

재범이가 대신 대답했다. 현이는 고맙다는 말을 하고 싶었지만, 왠지 쑥스러워서 석우의 등을 가볍게 툭 치고 말았다.

교실로 돌아오니 은미가 사오정 선생님 앞에서 바이올린을 켜고 있었다. 은미의 옆에는 연지가 경호원처럼 떡 버티고 서 있었다. 평소의 산만한 모습은 온데간데없고, 아주 얌전하게 연주를 듣고 있었다.

은미는 〈아베 마리아〉를 연주했나. 제법 정확한 연주였다. 하지만 어딘지 모르게 날이 선 듯 신경을 날카롭게 만드는 선율이 귓속 깊숙이 파고들었다.

"잘했어!"

연주가 끝나자마자 선생님은 박수를 치며 칭찬했다. 연지도 덩달아 엉덩이를 들썩거리면서 박수를 쳤다. 은미는 새침한 표정으로 현이를 곁눈질했다. '잘 봐, 내 솜씨를!' 하고 말하는 듯 의기양양한 기색이었다.

선생님은 현이를 보자마자 눈살을 찌푸리며 소리를 버럭 질렀다.

"이현, 이 녀석! 정신을 어디다 두고 다니는 거야, 엉? 바이올린을 아무 데나 흘리고 다녀서 친구들이 찾아다니게 만들고 말이야!"

"정연지, 너 혹시 현이 바이올린 건드렸어?"

재범이가 연지 곁에 바싹 다가가 묻자, 연지의 동그란 얼굴이 금세 토마토처럼 벌게졌다. 그러자 은미가 냉큼 끼어들어서 따발총을 쏘듯이 말했다.

"연지가 뭘 어쨌다고 그래? 알지도 못하면서. 교실 바닥에 버려져 있던 바이올린을 연지가 청소함에 잘 넣어 둔 것뿐이야."

"뭐라고? 교실 바닥에 버려져 있었다고? 언제?"

현이의 눈은 금방이라도 불꽃이 튀어나올 것처럼 번뜩였

다. 연지는 당황해서 주춤주춤 뒷걸음질을 쳤다.

"내 바이올린이 언제 버려져 있었냐고?"

'버려졌다'는 말이 현이를 더 화나게 했다. 현이는 부들부들 떨면서 소리를 질렀다.

"너 거짓말하지 마! 내 바이올린을 훔쳐 가려고 했지?"

연지는 입을 딱 벌리고는 아무 말도 하지 못했다. 연지의 동그란 눈이 가늘어지는가 싶더니 순식간에 눈물이 고였다. 그리고는 큰 소리로 엉엉 울면서 온몸을 파들파들 떨었다.

"나, 도둑 아니야!"

"넌 도둑 아니야!"

은미가 연지를 감싸면서 현이를 매섭게 흘겨보았다. 그 때 선생님이 현이의 머리를 한 대 콩 쥐어박으며 나무랐다.

"이현, 이 녀석! 바이올린을 잘 간수해 준 연지한테 도리어 화를 내고 도둑이라고 몰아붙여?"

"선생님, 저는 바이올린 버린 적 없어요! 누가 가져간 거예요."

"이 녀석이 아직도 자기 잘못을 모르니! 이현, 넌 바이올린 연주할 자격 없어. 하지 마!"

선생님의 말에 현이의 얼굴이 창백해졌다.

"자, 음악실로 가서 석우 피아노 반주나 들어 보자!"

선생님이 교실 문을 열고 나가자, 석우도 쭈뼛쭈뼛 따라 나갔다. 재범이만 현이 곁에 남아서 걱정스러운 눈빛을 보내 왔다.

"손은미의 정체를 아직도 몰라? 내가 걔랑 다섯 번이나 같은 반이었잖냐. 아무래도 너, 은미한테 제대로 찍힌 것 같다."

현이는 재범이와 함께 교문을 나섰다. 은미를 싫어한다는 공통점 때문인지 둘은 금방 친해졌다.

"에이, 오늘 정말 재수 없는 날이다! 담임한테 혼나고, 바이올린 연주도 못하게 됐잖아."

"아니야, 괜찮아. 잘 가라."

사실은 하나도 괜찮지 않았다. 집으로 걸어오는데 눈물이 핑 돌았다.

억지 도우미

전화 수화기를 들고 있는 엄마의 표정이 점점 얼어붙고 있었다.

"아…… 예. 예……, 잘 알겠습니다."

현이와 할아버지는 엄마의 심상치 않은 표정에 점점 신경이 쓰였다.

"그럼 그렇게 알고 전화 끊겠습니다. 안녕히 계세요."

엄마는 지극히 공손하게 전화를 끊었지만 표정은 더욱 차가워진 상태였다.

"엄마, 누구예요?"

"현아, 잠깐 엄마 좀 봐."

현이는 불안한 마음으로 엄마를 따라 방으로 들어갔다.

"방금 담임선생님이 전화를 하셨어. 너, 오늘 학교에서 정연지라는 여자 아이 울렸다면서? 선생님 말씀으로는 네가 그 애를 도둑이라고 몰아붙이고 화를 냈다고 하시던데."

현이는 속이 부글부글 끓어오르는 것 같았다.

"엄마, 그게 아니에요. 내 바이올린이 갑자기 사라졌단 말이에요. 알고 보니까 연지가 청소함에 감추어 두고 쇼를 했던 거예요. 손은미라는 애랑 둘이서 짜고, 나를 골탕 먹이려고 그런 거라고요."

"그랬다는 증거라도 있어? 확실하게 알고 그렇게 말하는 거야?"

지금 엄마는 누구 편을 드는 건지 모르겠다.

"우리 반 재범이랑 석우도 그렇게 생각해요. 도대체 엄마는 누구 말을 믿어요?"

"네가 거짓말쟁이가 아닌 건 엄마도 잘 알아. 하지만 담임선생님 말씀이……."

"오늘은 너무 재수가 나쁜 날이에요! 바이올린 연주도 못 하게 됐단 말이에요."

현이는 더 이상 말하기 싫었다. 엄마랑 말씨름을 하다 보면 점점 더 피곤해졌다.

"현아, 학교에서 바이올린 연주하는 거, 꼭 해야 되겠니? 그냥 집에서 얼마든지 편하게 연주하고 즐길 수 있잖아. 뭣 때문에 마음도 잘 안 맞는 친구들하고 섞여서 시간 낭비하고 기운을 빼?"

현이는 어이가 없었다.

"엄마! 그럴 기회조차 사라져 버렸어요. 선생님이 저보고 바이올린 연주를 아예 하지 말라고 했단 말이에요!"

그 말을 하는데 갑자기 커다란 눈물방울이 뚝뚝 떨어졌다.

"울긴 왜 울어? 그렇게 바이올린 연주가 하고 싶었니?"

이내 눈물이 줄줄 흘러내렸다. 콧물도 나오고 어깨까지 들썩들썩하더니, 가슴속에서 꺽꺽 하는 소리가 새어 나왔다.

"현아, 그만 울어! 뭐가 그렇게 서러워, 응?"

현이도 몰랐다. 바이올린을 잃어버릴 뻔했던 일이나 바이올린 연주를 못하게 된 것이 이렇게 서러울 줄은.

아무 말 없이 한참 동안 울고 있는 현이를 바라보던 엄마가 슬그머니 입을 열었다.

"선생님이 니한테 기회를 주실 보양이야. 단, 조건이 있다고 하셨어. 선택은 네가 하는 거야."

"……기, 기회요?"

현이가 코맹맹이 소리로 물었다.

"네가 한 달 동안 연지를 도와주는 '친구 도우미' 벌을 받는다면, 네가 반성하는 걸로 인정해 주시겠대. 그럼 합창단에서 바이올린 연주를 할 기회도 다시 얻는 거고."

엄마는 현이를 물끄러미 바라보며 넌지시 물었다.

"설마 벌을 받으면서까지 바이올린 연주를 하고 싶은 건 아니겠지?"

"……몰라요. 생각해 볼래요."

현이는 뾰로통해서 대답했다.

"생각은 무슨 생각이야? 차라리 그만둬."

엄마가 나가자마자, 현이는 침대에 털퍼덕 누웠다.

'지금은 아무 생각도 하고 싶지 않아.'

멍하니 벽을 바라보고 있으니, 벽에 걸린 그림 속의 낙타 두 마리가 현이에게 '안녕!' 하고 눈인사를 보내는 듯했다.

'날타는 날씬해서 사막을 잘 걸어갈 거야. 하지만 통타는 등에 있는 혹이 무거워서 빨리 가기 힘들겠지. 에이, 아빠는 너무 쉬운 수수께끼를 내 주셨어.'

현이는 침대에서 일어나 할아버지의 방으로 갔다. 할아버지는 돋보기안경을 쓰고 책을 읽고 계셨다.

"할아버지, 낙타 그림에 담긴 수수께끼는 너무 쉬워요."

"벌써 답을 찾았어?"

"당연히 날씬한 낙타가 사막의 끝까지 잘 가겠죠."

할아버지는 껄껄 웃었다.

"왜? 날씬하면 빨리 갈 수 있다고 누가 그러든?"

현이는 그제야 자기가 조금 성급하게 판단했다는 생각이 들었다.

"그럼 통통한 낙타가 더 잘 갈까요?"

"어떠냐? 네 아빠가 영 시시한 수수께끼를 낸 건 아니지?"

"할아버지, 어째서 혹이 커다랗고 통통한 낙타가 사막을 잘……."

현이는 그렇게 묻다가 갑자기 아차 하고 무릎을 쳤다.

"맞다! 깜박 잊고 있었네. 낙타는 등에 있는 혹에 지방을 저장한다고 했죠."

"그렇지. 낙타는 혹에 지방을 많이 저장한 덕분에 오랫동안 먹지 않고도 사막에서 잘 견딜 수 있는 거지. 지방을 얼마나 저장했는시에 따라 능에 있는 혹도 크기가 달라진단다."

현이는 할아버지의 설명에 고개를 끄덕이며 감탄했다.

"아, 그러니까 통통한 낙타가 끝까지 잘 갈 수 있겠네요.

그런데 할아버지, 날씬한 낙타는 바보일까요? 어째서 혹을 채우지 않았죠?"

"글쎄다, 물 냄새를 잘 맡는 자신의 코를 지나치게 믿은 게 아닐까? 아마도 오아시스를 잘 찾을 수 있다는 자만심이 넘쳐서 혹에 지방을 저장하는 일이 귀찮았을 거야."

"우와! 할아버지는 정말 모르는 게 없으신 것 같아요."

"현아, 두 마리 낙타가 서로 다른 가장 큰 이유가 뭐라고 생각하니?"

현이는 턱을 괴고 곰곰이 생각에 잠겼다. 할아버지는 흐뭇

한 얼굴로 말했다.

"날씬한 낙타는 자신을 너무 믿고 잘난 척을 했어. 하지만 통통한 낙타는 혹에다 지방을 저장하고 철저하게 준비했지. 이미 사막을 다녀온 선배들의 말을 귀담아듣고, 그것을 지혜롭게 행동에 옮겼던 거야."

할아버지는 현이의 머리를 쓰다듬으며 말을 이었다.

"현아, 두 마리 모두 사막을 떠나기 전에 부모님이나 어른들한테 사막을 끝까지 가려면 어떻게 준비해야 하는지 이야기를 들었겠지. 그런데 한 녀석은 그 이야기를 잘 듣고서 충

분하게 준비를 한 반면에, 다른 한 녀석은 건성으로 듣기만 했을 뿐 아무 준비도 하지 않았던 거야. 두 녀석의 가장 큰 차이점은 들을 줄 아는 귀를 가졌느냐, 갖지 않았느냐에 있어."

"아빠는 저한테 들을 줄 아는 귀를 가지라고 이 그림을 주셨나 봐요."

할아버지는 아무 말도 하지 않고 그저 현이를 꼭 안아 주었다.

"선생님한테 뭐라고 말씀드릴 거야? 친구 도우미 안 할 거지?"

엄마가 아침 밥상에 미역국을 내놓으며 물었다.

"아직 모르겠어요."

현이는 어두운 목소리로 대답했다. 마음이 무거운 탓인지 입맛도 없었다. 국이 맹물처럼 느껴졌다.

"내가 너라면 그깟 합창단 반주로 하는 바이올린 연주, 해 달라고 해도 안 할 거야."

마음 깊은 곳에서 뜨거운 것이 울컥 치밀었다.

'나한테는 단순히 그깟 합창단 연주가 아니라고 말하면 엄마가 이해해 주실까? 오히려 자존심이 없다고 뭐라고 하시겠

지. 휴우, 차라리 가만히 있는 게 나아.'

현이는 자기 마음도 몰라주는 엄마와 눈을 마주치고 싶지 않아서 고개를 푹 수그렸다.

"이현! 이리 와 봐."

교실에 들어서자마자 선생님이 현이를 불렀다. 선생님은 다른 아이들이 들을까 봐 꺼리는 눈치였다. 현이가 가까이 다가가자 현이의 귀에 대고 소곤거렸다.

"현아, 네가 연지 마음을 아프게 한 건 사실이잖아? 연지는 다른 아이들하고 좀 다르잖아. 정말 합창단에서 바이올린 연주를 하고 싶다면, 네가 연지를 한 달 동안 도와주는 거야. 아무도 모르는 비밀 친구 도우미가 돼서 말이야."

'아무도 모르게? 연지도 모르게?'

현이는 비밀이라는 말이 아주 마음에 들었다. 어색하게 웃고 있는 선생님의 얼굴도 밉지 않았다.

"할게요."

"좋았어! 너랑 나만 아는 비밀이다. 알았지?"

"예!"

현이가 신이 난 얼굴로 대답했다.

"녀석, 벌 받는 건데 좋아하기는."

"선생님, 언제부터 해요?"

"음, 오늘 하루는 연지를 잘 살펴보면서 무엇을 도와줄지 생각해 보고, 내일부터 실행하는 거야."

현이는 졸지에 연지를 감시하는 첩보원이라도 된 듯한 느낌이 들었다.

현이네 반은 아침 자습 시간마다 사자 성어를 쓰고 외우는 한자 공부를 했다. 아이들 모두 한자 공책에 사자 성어를 쓰고 있는데, 연지는 오늘도 이어폰을 귀에 꽂은 채 멍하니 앉아 있었다.

'학교에 엠피쓰리 가져오면 안 되는데…….'

현이는 교실 뒤로 가는 척하면서 연지 자리를 힐끗 보았다. 연지의 무릎 위에 핸드폰이 놓여 있었다. 핸드폰에 이어폰을 연결하여 음악을 계속 들었던 모양이다. 책상 위에는 한자 공책이 맥없이 하얗게 펼쳐져 있을 뿐, 연필은 단 한 자루도 보이지 않았다.

'저 바보!'

꼴도 보기 싫었다. 저런 애를 어떻게 도와주지?

점심시간이 되자, 아이들이 급식을 먹기 위해 줄을 섰다.

반찬 담당인 재범이가 아이들의 식판에 카레를 얹어 주었다. 연지 차례가 되었는데, 황당한 투정을 부리기 시작했다.

"난 당근 싫어해! 당근 빼고 줘."

"뭐? 당근만 어떻게 빼?"

연지는 재범이가 뭐라고 하든 상관없다는 듯 카레를 받지 않고 그냥 지나갔다.

"하여튼 사차원에서 왔다니까!"

재범이는 자기 머리 옆에 손가락으로 달팽이를 그리면서 혀를 찼다.

"연지야, 화장실에 같이 가자!"

멀리서 은미가 손짓을 하자 연지는 당장 그쪽으로 달려갔다. 그 모습이 마치 꼬리를 흔들며 주인을 따라가는 강아지 같았다. 둘은 한참 동안 돌아오지 않았다.

'화장실에서 도대체 뭐 하는 거야?'

현이는 내일부터 화장실까지 따라다녀야 되나 싶어서 이맛살이 저절로 찌푸려졌다.

수업이 끝난 후 청소 시간이 되었다. 반 아이들에게는 각자 자기가 맡아서 해야 할 청소 담당 구역이 정해져 있었다. 연지는 교실 책상 줄 맞추기 담당인데, 제 할 일은 내팽개치고 병설 유치원 청소를 담당하는 은미를 따라가 버렸다.

'아무리 선생님이 봐줘도 그렇지, 진짜 한심하다.'

집으로 돌아가는 길에 현이는 연지가 은미의 무거운 가방을 대신 들고 교문을 나서는 모습을 보았다. 은미는 두 팔을 휘저으며 연지보다 조금 앞서서 거만하게 걸어갔다.

"쯧쯧!"

현이가 하루 종일 연지를 지켜보면서 얻은 결론은 하나였다. 연지는 다른 아이들 말처럼 바보가 맞다.

오늘부터 앞으로 한 달 동안 반에서 가장 바보 같은 아이의 도우미를 해야 한다. 그것도 아무도 몰래 도우라니, 거의 첩보원 활동이나 다름없다. 현이는 다리에 모래주머니를 단 것처럼 발걸음이 무거웠다.

엄마 말대로, 그깟 합창단 반주를 하겠다고 미운 친구의 도우미를 하는 것은 자존심 상하는 일인지도 모르겠다. 하지만 합창단 반주를 못하는 것이 더 견딜 수가 없는 걸 어떡하나? 은미 혼자서 바이올린을 연주하는 모습을 떠올리면 세상에서 가장 큰 바늘에 찔린 것처럼 가슴이 아팠다.

"오늘 여러분이 배우고 익힐 사자 성어는 '마이동풍'이다."

사오정 선생님은 칠판에 한자로 '馬耳東風'을 썼다. 그러고는 그 옆에 '말 귀에 봄바람. 남의 말에 귀를 기울이지 않고 그냥 흘려버리거나 알아듣지 못하는 것을 이르는 말'이라는 뜻도 적었다.

"'마이동풍'과 비슷한 사자 성어는 또 뭐가 있을까?"

그러자 은미와 석우가 동시에 손을 들었다.

"역시! 은미가 대답해 봐."

은미만 보면 저절로 웃음꽃이 피어나는지 선생님의 얼굴에 환한 미소가 떠올랐다.

"'우이독경(牛耳讀經)'입니다. 쇠귀에 경 읽기. 아무리 가르치고 일러 주어도 알아듣지 못한다는 뜻입니다."

"야아! 모두들 박수 쳐라! 다들 은미 좀 본받아."

선생님의 말에 아이들은 서로의 얼굴을 보며 킥킥거리며 웃음을 참다가 결국은 박수를 치기 시작했다. 은미는 박수 소리를 들으면서 눈을 내리깔고 새침한 표정을 지었다.

"우욱, 저 거만한 표정!"

재범이가 토하는 시늉을 하며 밀했다. 현이노 셜코 유쾌하지 않았다.

"은미 최고!"

연지가 엄지손가락을 세워 보이며 큰 소리로 외쳤다.

"어휴, 왕 재수! 쟤는 완전히 손은미 시녀야."

재범이의 말에 현이도 속으로 맞장구를 쳤다.

'맞아, 완전 시녀네. 가만, 그럼 난 뭐야? 손마녀의 시녀를 몰래 도와주는 거잖아.'

괜히 친구 도우미를 하기로 했다는 후회가 들었다.

연지는 이어폰을 귀에 꽂고 있으면 다른 세상으로 가는 것 같았다. 오늘도 한자 공책을 펼쳐 놓은 채 몸을 앞뒤로 흔들며 앉아 있었다.

현이는 뒷문 가까이에 앉은 연지 곁으로 다가갔다.

"정연지!"

연지는 잠시 눈을 크게 뜨고 현이를 바라보았지만, 이내 아무 일도 없다는 표정으로 고개를 돌렸다. 바보한테 무시당하는 기분이라니!

"아침 자습 안 해?"

현이가 퉁명스럽게 목소리를 높였다. 연지는 고개를 옆으로 휙 돌리더니, 자리에서 벌떡 일어나서 냉큼 뒷문을 열고 나가 버렸다. 따라가야 하나, 모르는 척해야 하나? 현이는 얼굴이 벌게진 채 어쩔 줄 몰라 했다. 잠시 후, 연지는 아무렇지

도 않은 표정으로 돌아왔다.

연지의 행동을 하나하나 살피며 수업을 들으려니 시간이 더 빨리 지나가는 듯했다. 어느새 점심시간, 현이는 재빨리 연지 바로 뒤에 가서 섰다. 연지는 오늘 또 칭얼거리며 반찬 투정을 했다.

"난 당근 싫어! 당근 빼 줘."

"뭐?"

잡채를 식판에 덜어 주던 반찬 담당 석우가 어이없다는 듯 쏘아붙였다.

"그냥 먹어!"

뒤에서 현이가 연지의 팔꿈치를 툭 쳤다. 그러자 연지는 입을 뾰족하게 내밀더니 고개를 가로저으며 말했다.

"나 안 먹어."

어제처럼 연지는 당근이 들어 있는 반찬을 받지 않고 그냥 가 버렸다.

'으이그, 당근 때문에 맛있는 잡채를 안 먹겠다고?'

얼마나 얄미운지 미리에 꿀밤이라도 한 대 쥐어박고 싶어서 손이 근질근질했다.

청소 시간에 현이는 은미와 같이 가는 연지를 몰래 뒤따라

갔다. 두 사람은 어제처럼 병설 유치원 교실로 들어갔다. 복도 창문으로 살짝 들여다보니, 은미가 선생님 책상에 선생님처럼 허리를 곧추세우고 앉아 만화책을 보고 있었다.

반면 연지는 자기 청소 구역이 아닌데도 진공청소기를 돌리며 열심히 청소하는 중이었다. 다른 여자 애들도 두어 명 있었지만, 창가에 서서 박수를 치며 웃고 떠들기만 할 뿐이었다. 그러니까 연지 혼자서 청소를 다 하고 있었던 것이다.

"연지야, 여기도 먼지 있어!"

은미가 발끝으로 교실 구석을 가리키자, 연지는 기쁜 듯이 고개를 끄덕이더니 바로 진공청소기로 그곳의 먼지를 빨아들였다.

'손은미 시녀 노릇을 아주 제대로 하고 있군!'

기가 막혔다. 머리가 지끈지끈 아파 왔다.

현이는 거실에서 바이올린으로 〈사랑의 인사〉를 연주했다. 할아버지가 특히 좋아하는 곡이었다. 이 곡을 연주하고 있으면 귀여운 새싹과 작은 꽃들이 따스한 봄볕을 받으며 살랑살랑 춤을 추는 모습이 머릿속에 그려지곤 했다.

"우리 현이가 연주하는 〈사랑의 인사〉를 들으면 항상 마음

이 찡해지는구나!"

눈을 감고 있던 할아버지가 눈을 떴다. 할아버지의 눈에 정말로 눈물이 글썽글썽했다.

"할아버지, 이 곡이 슬퍼요?"

현이가 어리둥절한 표정으로 할아버지를 보았다.

"그렇구나. 할아버지는 사랑의 인사를 잘 못하고 살았던 것 같다. 사랑을 제대로 표현할 줄 몰랐던 게지. 그게 후회가 되는구나."

할아버지는 지그시 눈을 감고 잠시 생각에 잠겼다가 입을 열었다.

"현아, 어떤 집이 한 채 있었어. 할아버지는 그 집에 꼭 들어가고 싶었는데, 그 집은 너무나 높은 담으로 둘러싸여 있었거든. 할아버지는 마음이 급해서 그 집 담벼락을 뚫고 들어가려고 했지. 무모하게 머리를 부딪치고 날카로운 연장으로 담을 부수려고만 했던 거야."

"할아버지, 그 집에 들어가는 문은 없었어요?"

"바로 그게 문제였어. 할아버지는 그 집으로 들어가는 문을 찾지 못했던 거야. 찬찬히 살펴보지 못했던 거지. 빨리 들어가려는 성급한 마음에 담벼락만 보았지, 문은 미처 발견하지 못했단다."

"그럼 지금이라도 문을 찾아서 들어가면 되는 거잖아요."

"아니야, 이미 늦었단다."

할아버지는 창밖으로 시선을 돌렸다.

"현아, 사람의 마음을 '집'이라고 생각해 봐라."

"예?"

현이는 할아버지가 늘 자신을 어른처럼, 친구처럼 존중해 주는 것 같아 좋았다. 하지만 지금 들은 할아버지의 이야기는 이해하기가 조금 어려웠다.

"사람의 마음이 집이라고? 왜 집일까?"

현이는 그림 앞에 서서 낙타들에게 눈을 맞추며 말을 걸었다. 통타는 또랑또랑한 눈빛으로 현이의 말을 듣는 듯했다. 하지만 날타는 여전히 딴 데를 보고 있었다.

"날타야, 내가 말을 하면 내 얼굴을 보고 내 이야기를 잘 들어 줘야지!"

현이는 날타를 꾸짖었다. 그러면서 날타처럼 다른 곳만 바라보던 연지를 떠올렸다.

비밀 임무

"선생님, 합창단 연습은 언제부터 해요?"

석우가 묻자, 사오정 선생님은 머뭇거렸다.

"뭐, 학예회까지는 아직 두 달이나 남았으니 연습할 시간은 충분하잖아."

"아, 예……."

석우는 기어 들어가는 목소리로 대답했다. 그러자 재범이가 '선생님은 뭘 모르셔.' 하는 표정으로 불만스러운 듯이 말했다.

"다른 반들은 벌써 학예회 연습 시작했는데요."

"합창단 연습은 한 달이면 충분해!"

선생님은 귀찮다는 듯한 기색을 숨기지 않았다. 선생님은

틈만 나면 늘 두껍고 글씨가 깨알 같은 소설책을 읽었다. 그러면서 때때로 긴 한숨을 내쉬고는 입맛을 다시며 혼잣말을 하곤 했다.

"내 꿈은 소설가인데 글을 쓸 시간과 기력이 있어야지."

그런 선생님의 모습을 보면 현이는 초조해졌다. 합창단 연습엔 도통 관심을 보이지 않고, 그러면서도 한 달 동안이나 비밀 친구 도우미를 해야 합창단 반주를 맡긴다고 하니 도통 그 속을 알 수가 없다.

'할아버지 말씀이 옳아. 사람의 마음은 정말 담벼락이 높은 집이나 마찬가지야!'

연지의 집도, 선생님의 집도 담벼락이 너무 높아서 어떻게 들어가야 할지 알 수가 없었다. 벌써 며칠째 연지를 돕는 일에만 온 신경을 썼지만 전혀 진전이 없었다. 그런 사정을 아는지 모르는지, 선생님은 현이와 눈이 마주치기라도 하면 한쪽 눈을 찡긋하고 빙그레 웃었다.

현이는 아침 자습 시간, 점심시간, 청소 시간은 물론이고 쉬는 시간에도 연지 근처를 맴돌았다. 특히 아침마다 일부러 연지 근처를 지나치면서 은근슬쩍 "사자 성어 썼어?" 하고 물었다. 하지만 연지는 여전히 아무것도 들리지 않는 것처럼 굴었다. 대체 무슨 음악을 듣는 걸까? 아마도 연지는 아침 자습으로 음악 감상을 하는 모양이었다.

엄마가 학원에서 늦게 오는 날이 많아 현이는 할아버지와 둘이서 저녁을 먹을 때가 많았다. 현이는 면발이 통통한 우동을 좋아했다. 그날 저녁, 할아버지는 어묵과 유부, 다시마, 삶은 계란을 넣고 맛있는 우동을 끓여 주셨다.
　현이는 우동을 먹다 말고 심각한 얼굴로 물었다.
　"할아버지, 문을 찾는 건 참 어려운 일이죠?"
　아무리 생각해도 한 달 동안 연지의 도우미가 되는 일이 까마득하게 느껴졌다. 연지는 오로지 손마녀의 말만 잘 듣는데…….
　"무슨 소리냐? 밥 먹다 말고 갑자기 웬 문 얘기야?"
　"전에 할아버지가 사람의 마음은 집과 같다고 하셨잖아요."
　"그랬지."
　"할아버지, 문을 찾으려면 어떻게 해야 돼요?"
　잠시 동안 침묵이 흘렀다.
　'할아버지도 모르시나 봐!'

현이의 속마음을 꿰뚫어 본 것처럼 할아버지가 천천히 말했다.

"현아, 그 문은 결코 쉽게 열리지 않아. 그 사람의 진정한 마음을 알아볼 때 열리는 거지. 사람의 착하고 아름다운 마음을 보려면, 우선은 그 사람에게 가졌던 나쁜 생각을 버릴 수 있어야 해."

"하지만 모두가 다 착하고 아름다운 마음을 갖고 있는 건 아니잖아요."

손마녀와 연지가 착하거나 아름다운 마음을 가졌다고는 도무지 상상할 수 없었다.

"현아, 사람들은 모두 마음으로 들어가는 문을 갖고 있단다. 그 문을 찾기가 어려워서 그렇지, 무조건 다 나쁘거나 이해할 수 없는 사람은 없어. 문을 찾는 일이 쉬웠다면 왜 할아버지가 실패하고 말았겠니?"

"할아버지, 도대체 어떤 사람이었어요? 할아버지가 문을 찾는 데 실패한 사람 말이에요."

정말 이상했다. 할아버지처럼 따뜻하고 좋은 분이 문을 찾지 못했다니.

할아버지는 더 이상 아무 말도 하지 않고 자리에서 일어나

식탁을 치우기 시작했다. 그러고는 세게 물을 틀어 놓고 등을 보인 채 개수대에 서서 그릇을 닦았다. 이따금씩 할아버지의 어깨가 조금씩 들썩거리는 것처럼 느껴졌다.

'혹시 할아버지가 우시는 건 아니겠지?'

"할아버지, 설거지 제가 할까요?"

현이가 물었지만, 할아버지는 뒤돌아보지 않았다.

'우선 그 사람에게 가졌던 나쁜 생각을 버리자!'

현이는 연지가 바이올린을 감췄던 일이나 손마녀의 시녀처럼 구는 것을 잠시 잊기로 했다. 그러자 약간 까무잡잡하지만 귀엽게 생긴 연지의 얼굴이 비로소 보였다.

"연지야, 너 노란색 좋아하지?"

현이는 집에서 가져온 노란색 샤프를 연지의 공책 위에 올려놓았다. 연지가 흠칫 놀라며 현이의 얼굴을 뚫어지게 바라보았다.

"전에 좋아하는 색깔별로 모둠을 정할 때, 네가 노란색 모둠에 갔었잖아. 자, 이 샤프 가져."

말을 마치자마자 현이는 재빨리 제자리로 돌아와 묵묵히 아침 자습을 했다. 한자로 공책 한 쪽을 다 채운 다음, 살며시

뒤를 돌아보았다. 연지의 반응이 궁금했기 때문이다.

"픕!"

현이는 터져 나오는 웃음을 참으려고 얼른 입을 틀어막았다. 연지는 샤프를 보며 실실 웃고 있었는데, 그 표정이 전날 드라마에서 본 머리에 꽃을 꽂고 비를 맞으며 돌아다니는 미친 여자와 똑같았다.

점심시간에 현이는 또 연지 뒤에 섰다. 며칠 동안 관찰하면서 연지가 당근, 시금치, 감자, 가지 같은 채소를 무진장 싫어한다는 것을 알았다.

"가지 싫어! 가지 빼고 줘."

이번에도 연지는 어린애처럼 칭얼거렸다. 그러자 반찬 당번인 석우가 소리를 꽥 질렀다.

"통과! 다음 차례."

"나도 가지 싫어! 가지 못 먹어."

현이는 자기도 모르게 연지 흉내를 내고 말았다.

"뭐야? 통과!"

석우는 이상하다는 듯이 현이를 바라보았다.

"너도 가지 싫어해? 나도 가지 진짜 싫어하는데!"

그 순간 현이는 자신의 귀를 의심했다. 연지가 처음으로 말을 붙였다!

"엄마한테 아무리 혼나도 가지나물은 못 먹겠더라."

현이의 말에 연지는 눈을 가늘게 뜨고 미소를 지어 보였다.

"맞아, 맞아! 세상에서 가장 맛없는 보라색이야."

현이와 연지가 식판을 들고 나란히 서 있자, 어느새 은미가 연지 곁으로 다가왔다.

"연지야, 나랑 같이 점심 먹자."

"으응."

은미는 멀뚱히 서 있는 현이를 사납게 흘겨보더니 연지를 데리고 가 버렸다.

'어휴! 은미 도우미가 아니라서 그나마 다행이다.'

청소 시간에 연지를 찾아 병설 유치원으로 간 현이는 연지가 혼자 청소하는 모습을 보았다.

'은미는 어디로 갔지?'

현이는 병설 유치원 교실로 들어갔다. 연지는 귀에 이어폰을 꽂은 채 진공청소기를 윙윙 돌리고 있었다. 현이는 연지의 손에서 청소기를 빼앗듯이 가져갔다. 엄지손가락으로 자기 가슴을 가리키며 대신 청소를 하겠다고 하자, 연지의 두 눈이 휘둥그레졌다.

현이는 유치원 교실 구석구석을 깨끗하게 청소해 주었다. 청소기를 다시 돌려주자 연지는 헤벌쭉 웃었다. 현이도 빙긋이 웃어 보였다.

'할아버지 말씀이 옳았어! 나쁜 생각을 하지 않으니까 훨씬 나아진 거야.'

현이는 연지가 처음으로 말을 붙이고, 웃어 준 일을 당장 일기장에 적어 놓아야겠다고 생각했다.

다음날, 아침 자습 시간에 현이가 다가가자 연지는 얼른 공책을 펼쳤다. 글씨를 쓴다기보다는 억지로 그리는 수준이었지만, 그래도 아침 자습을 하는 셈이었다.

급식을 받을 때에도 돌아서서 현이가 뒤에 서 있는 것을 확인했다. 현이와 눈이 마주치자 배시시 웃으며 말했다.

"너, 가지 싫어해?"

벌써 어제 일을 까맣게 잊었나? 하지만 현이는 그냥 고개를 끄덕였다.

"응, 아주 싫어해."

"푸하하하! 오늘 반찬에 가지 없다."

가지가 없어서 기쁜 건지, 현이도 가지를 싫어해서 기쁜 건지 모르겠지만 아무튼 연지는 시원하게 웃었다. 현이도 덩달아 생긋 웃었다. 연지가 반응을 보이고 말을 거는 것이 무척 반가웠다.

'이제 합창단에서 반주를 할 날이 점점 다가오는 거야!'

청소 시간에 현이는 또 병설 유치원 교실로 가서 청소를 해 주었다. 여전히 은미는 없고 청소하는 사람은 연지 혼자였다. 연지는 아무 말 없이 물걸레를 빨아서 책상과 교탁을 닦았다.

왜 매일 혼자 청소하는 거냐고 묻고 싶었지만, 침과 함께 꾹 삼켜 버렸다. '그럼 넌 왜 갑자기 나를 도와주는 거야?'라고 물을까 봐 겁이 났기 때문이다.

"요즘 연지가 아주 기특하네! 아침 자습도 열심히 하고."

사오정 선생님이 한자 공책 검사를 하면서 연지를 칭찬했다. 현이는 괜히 자기 얼굴이 발갛게 달아오르는 것을 느끼고 고개를 숙였다.

"참! 이현, 너 내일 바이올린 가져와 볼래?"

선생님의 말이 떨어지기가 무섭게 현이의 가슴이 두근두근 두방망이질을 쳤다. 그러자 은미가 냉큼 끼어들었다.

"선생님, 현이가 왜 바이올린을 가져와요?"

은미의 눈이 기분 나쁘게 번쩍거렸다.

"아, 바이올린 소리가 작아서 바이올린 한 대로만 연주하면 합창 소리에 묻힐까 봐."

은미는 다시 한 손을 들며 재빠르게 말했다.

"선생님, 내일 저도 바이올린 가져와서 독주할게요."

"은미는 벌써 했는데, 또 하려고? 그래, 그렇게 하도록 해라."

은미는 머리를 뒤로 젖히면서 곁눈으로 무섭게 현이를 째려보았다. 그러더니 별안간 석우에게 다가가 귓속말을 하는 척하면서 일부러 다 들리도록 크게 말했다.

"이현은 볼 때마다 재수 없어."

멋쩍은 표정으로 가만히 있는 석우의 모습에 몹시 서운한 마음이 들었다.

'넌 손마녀한테 꼼짝도 못하는구나!'

집에 오지마자 현이는 〈사랑의 슬픔〉을 연주했다. 그러사 외로움도 점점 사라지는 것 같았다.

"현아, 네가 이 바이올린을 켤 때마다 아빠는 너랑 함께하는 거야!"

아빠는 그렇게 말씀하셨다. 바이올린은 세상에서 가장 다정한 친구인 동시에, 현이를 지켜 주는 아빠인 셈이다. 바이올린을 켜고 있으면, 바이올린이 '슬퍼하지 마! 난 네 마음을 다 알아.' 하고 속삭이는 느낌이 들었다.

〈사랑의 슬픔〉을 연주하다 보니 오히려 마음이 따스해졌다. 현이는 내일 학교에서 이 곡을 연주해야겠다고 생각했다. 삼 분이면 끝나기 때문에 부담도 없는 곡이었다.

다음 날 점심시간이 거의 끝날 무렵, 선생님이 은미를 불러냈다.

"은미 먼저 독주 한 곡 해 봐. 무슨 곡을 할래?"

"크라이슬러의 〈사랑의 기쁨〉을 할게요."

현이는 깜짝 놀랐다.

'맙소사, 난 〈사랑의 슬픔〉을 준비했는데.'

어쩌면 이렇게 매번 은미와 사사건건 부딪치게 되는 건지……. 그것도 정반대로 말이다.

은미가 우아한 손놀림으로 바이올린을 켜기 시작했다. 경쾌하면서 힘이 있는 선율이 흘러나왔다. 박자도 멜로디도 한 치의 어긋남 없이 정확했다.

은미의 힘찬 연주가 끝나자 모두들 박수를 쳤다. 특히 연지는 자리에서 벌떡 일어나 기립 박수를 쳤다. 은미가 좋아 못 견디겠다는 표정이었다. 석우도 은미를 눈이 부신 듯 바라보았다.

'그래, 손마녀는 좋겠다.'

현이는 자꾸 쓴웃음이 나왔다. 왠지 점점 자신이 없어졌다.

"은미, 연주 훌륭했어! 자, 이번에는 현이 나와 봐. 준비는 됐지?"

현이는 다소 낡아 보이는 바이올린을 들고 교실 앞으로 나갔다.

'아빠, 드디어 선생님이랑 친구들 앞에서 연주를 하게 되었어요. 제 옆에 계시는 거죠?'

처음엔 손이 살짝 떨렸지만, 연주를 시작하자 그곳이 어디인지도 까맣게 잊고 연주에 몰입했다. 은미 때문에 상처 받은 마음, 사오정 선생님의 마음을 몰라 두려웠던 기억, 석우의 행동에 섭섭했던 마음, 연지 때문에 부글부글 끓어올랐던 마음이 스르르 녹아 버리는 듯했다. 수많은 감정들이 무지개처럼 어우러지면서 슬픔은 완전히 사라졌다.

어느새 삼 분이 흘렀다. 연주는 끝이 났는데 아무도 말이 없었다. 박수 소리도 들리지 않았다.

'내가 은미보다 연주를 못해서 다들 실망한 건가?'

코끝이 찡해 오면서 눈물이 핑 도는 순간, 현이는 연지와 눈이 마주쳤다. 연지는 방금 잠에서 깨어난 것처럼 눈을 깜박거리더니 천천히 현이 곁으로 다가왔다. 그러고는 마치 소중한 보물을 만지는 것처럼 조심스럽게 현이의 바이올린을 어루만졌다.

그 순간, 석우가 박수를 치기 시작했다. 그것도 손뼉이 얼얼해질 정도로 아주 세게. 그제야 모두들 "우와!" 하고 감탄하며 박수를 쳤다. 재범이도 현이에게 다가와 어깨동무를 하면서 아주 커다란 목소리로 떠들었다.

"이현, 너 진짜 다시 봤어. 은미보다 훨씬 잘하는걸!"

그 소리를 들었는지 은미의 눈초리가 사납게 올라갔다.

"내 나이 마흔이 다 되도록 바이올린 연주를 듣고 이렇게 가슴이 뭉클해지기는 처음이다."

선생님도 현이를 보고 흐뭇한 미소를 지으며 말했다.

현이는 안도의 한숨을 내쉬다가 은미의 얼굴을 보는 순간 가슴이 덜컥했다.

'손마녀가 왜 저러지?'

은미는 새파랗게 질린 얼굴로 아랫입술을 꽉 깨물고 있었다. 마치 현이가 몹쓸 짓이라도 저질러서 도저히 용서할 수 없다는 듯이 화가 난 얼굴이었다.

연습이 시작되다

점심시간인데 연지가 보이지 않았다. 현이는 슬그머니 걱정이 되었다.

'손마녀는 교실에 있는데…….'

은미는 현이만 보면 고개를 휙 돌리고 석우나 주변에 앉은 아이들의 귀에 뭐라고 속닥거렸다. 현이가 싫어서 참을 수 없다는 경멸 어린 표정이었다. 지금도 현이와 눈이 마주치자, 보란 듯이 석우의 귀에 대고 속닥속닥했다.

'석우는 저런 손마녀의 어디가 좋을까?'

현이는 처음으로 석우가 딱하다는 생각이 들었다. 석우는 내내 떨떠름한 표정이었다. 그러자 못마땅했던지 은미가 등을 한 대 때렸다. 얼마나 세게 때렸으면 퍽 소리가 생생하게

들렸다. 석우가 으, 하며 신음 소리를 냈다.

 현이는 뒷문을 열고 복도로 나갔다. 연지는 수업 시간에도 지루하다 싶으면 한 번씩 교실을 나가 한참 있다가 들어오곤 했다. 하지만 점심시간에 사라진 적은 없었다.

 현이는 위층으로 올라갔다. 미술실과 과학 실험실을 지나고 음악실 앞을 지나갈 때였다. 음악실 안에서 피아노 소리가 들려왔다. 귀에 익은 친근한 멜로디였다. 가만히 귀를 기울여 들어 보니 〈사랑의 슬픔〉이었다.

 음악실 창문으로 안을 들여다본 순간, 현이는 자기 눈을 의심했다. 다시 눈을 크게 뜨고 보았다.

 '연지 아냐?'

 연지는 진지한 표정으로 피아노를 치고 있었다. 섬세한 바이올린의 선율과 다르게, 피아노는 풍요로운 멜로디로 음악실을 가득 채웠다.

 "우와! 연지 너도 〈사랑의 슬픔〉 좋아하니?"

 그 소리에 연지는 연주를 멈추고 음악실 문 앞에 서 있는 현이를 보며 반갑게 웃었다.

 "응, 좋아해."

 "너, 피아노 참 잘 치는구나!"

"우하하하!"

연지는 깜짝 놀랄 만큼 큰 소리로 웃더니, 자신이 자랑스러운지 어깨를 으쓱 올렸다.

"이제 교실로 돌아가자. 점심시간이잖아."

"응."

연지는 순하게 말을 잘 들었다. 현이랑 연지가 나란히 교실로 들어서자, 아이들이 휘파람을 불면서 "우우우" 하고 야유했다.

"너네들 왜 둘이 같이 다니냐?"

"이현이랑 정연지랑 서로서로 좋아한대요!"

"둘이는 거시기한대요!"

아이들은 노래를 부르듯이 놀려 댔다.

현이는 너무 어이가 없어서 아무런 대꾸도 하지 않았다.

"현이 너, 정말 연지랑 사귀냐?"

재범이가 믿어지지 않는다는 표정으로 물었다.

"미쳤어? 연지는 이현 싫어해!"

은미가 앙칼진 목소리로 대답했다.

"야! 현이가 연지를 싫어하는 건지, 연지가 현이를 싫어하는 건지 네가 어떻게 알아?"

재범이가 대꾸했다.

"연지야, 네가 말해. 현이가 너를 스토커처럼 졸졸 따라다닌다고 했잖아? 뱀처럼 소름 끼친다고 했지, 응?"

은미의 말에 연지는 당황해서 어쩔 줄 몰라 했다. 연지의 눈동자가 불안하게 흔들렸다.

'그랬던 거야? 내가 뱀처럼 소름 끼쳤니?'

현이는 아무 말 없이 연지를 바라봤다. 웬일인지 미운 마음이 들지도 않고, 화도 나지 않았다.

'그랬다면 미안해. 정말 미안하다. 너를 괴롭혀서.'

연지는 현이의 눈빛을 보았다. 현이의 마음을 읽은 듯했다.

"어서 대답해 봐. 현이가 나중에 때릴까 봐 무서워서 그래?"

은미는 의기양양하고 자신감에 넘치는 목소리로 연지를 다그쳤다. 재범이와 석우는 물론이고 반 아이들 모두 호기심이 가득한 얼굴로 연지의 입만 바라보았다.

"……흑흑."

정연지의 입에서 대답 대신 울음소리가 터져 나왔다. 연지가 책상에 엎드려 흐느껴 울자, 아이들은 맥이 빠졌는지 시선을 돌렸다.

"연지야, 괜찮아, 괜찮아! 겁내지 마. 이현 같은 애가 널 괴롭히게 놔두지 않을 테니까."

은미는 연지를 얼싸안고 등을 토닥거리면서 흰자위를 드러낸 채 현이를 째려보았다.

그때 교실 앞문이 드르륵 열렸다. 사오정 선생님은 들어오자마자 심상치 않은 교실 분위기를 감지했다. 눈짓으로 아이들에게 어떻게 된 일이냐고 묻자, 은미가 나섰다.

"선생님, 애들이 현이랑 연지랑 좋아한다고 놀렸어요. 그

런데 연지는 현이를 싫어하니까 억울해서 우는 거예요."

또박또박 하는 말에 누구도 뭐라고 토를 달지 않았다. 선생님은 잠시 묘한 표정을 짓다가 말을 돌렸다.

"에, 내일부터 방과 후에 합창 연습을 시작하겠다. 자, 모두 알림장 꺼내서 잘 적어 놓도록 해."

여기저기서 알림장을 꺼내느라 부스럭거렸다.

"어휴, 우리 선생님은 진짜 사오정이야. 갑자기 합창 연습을 시작한대."

재범이가 작은 목소리로 투덜거렸다. 이에 질세라 석우도 한마디 거들었다.

"그러게 말이야. 합창 연습은 한 달만 한다고 하시고서는."

"그리고 현아, 집에 가기 전에 잠깐 나 좀 보고 가라."

선생님의 말에 은미가 현이를 보며 의미심장한 미소를 날렸다.

'쌤통이다! 넌 선생님한테 완전히 죽었어.'

은미는 눈빛만으로도 모든 것을 말할 수 있는 특별한 능력을 가신 것 같았다.

"우리 선생님은 은미만 좋아하나 봐."

재범이가 현이의 귀에 대고 소곤거렸다.

아이들이 교실을 다 빠져나가고 난 뒤, 현이는 선생님을 찾아갔다.

"내일부터 연지의 친구 도우미는 그만 해도 된다. 그동안 애썼다."

현이는 깜짝 놀랐다.

"선생님, 아직 한 달이 안 됐는데요?"

"괜찮아. 연지가 이제 아침 자습도 제대로 하잖아? 다 네 덕분이야. 게다가 넌 약속을 잘 지켰어. 다른 애들이 놀려 대는데도 끝까지 침묵을 지켰으니까."

"네?"

"비밀을 지키고 노력한 점을 인정하는 거야. 이제 친구 도우미는 끝이다."

선생님의 이야기를 듣자, 현이는 괜히 죄송하다는 생각이 들었다. 그렇다고 은미만 좋아한다고 오해하는 재범이한테 지금까지 선생님과 있었던 일을 사실대로 말해 줄 수도 없는 노릇이었다.

"얘들아, 조용히 해!"

은미가 지휘봉을 들고 칠판을 탁탁 두드렸다. 옆에 엉거주

춤 선 석우는 말 한마디 못하고 눈만 껌벅껌벅했다. 현이는 그런 석우를 보지 않으려고 창가에 놓여 있는 제라늄 화분으로 시선을 돌렸다.

"오늘 선생님이 출장을 가셔서 합창 연습은 우리한테 맡기셨어. 모두 음악실로 가!"

은미는 무척 당당했다.

"뭐야, 첫날부터 펑크 내시고. 역시 우리 선생님은 사오정이라니까."

아이들이 웅성거렸다.

은미 곁에 멀뚱히 서 있는 석우는 푹 시들은 콩나물처럼 보였다.

"으이그, 석우는 완전히 손은미 보디가드라니까. 남자 회장이 뭐 저래."

재범이의 말을 들은 아이들이 모두 "맞아, 맞아!" 하고 맞장구를 쳤다.

"석우가 손은미 버릇을 더 나빠지게 만든 거나 마찬가지야. 남자 회장을 잘못 뽑았어."

"석우 엄마랑 은미 엄마가 친하다면서? 아무리 그래도 그렇지……."

"김석우는 마마보이래. 자기 엄마가 하라는 대로 다 한다더라."

아이들은 수군거리며 음악실로 올라갔다. 현이는 재범이와 함께 계단을 올라가면서 눈으로 연지를 찾았다. 이제는 저절로 연지를 살펴보곤 했다. 친구 도우미는 더 이상 하지 않아도 되는데 말이다. 더구나 연지는 현이가 뱀처럼 소름끼쳐서 싫다고 했는데도 자꾸 신경이 쓰였다.

연지는 은미의 손에 끌려가듯 걸어가고 있었다. 연지의 표정은 왠지 어둡고 기운이 없어 보였다.

"자, 자, 다들 똑바로 앉아! 먼저 알토랑 소프라노를 정할 거야. 앞에 앉은 사람부터 순서대로 나와서 '도레미파솔라시도'를 해 봐."

은미의 말이 끝나기도 전에 재범이가 벌떡 일어나 따졌다.

"야, 네가 여자 회장이면 다야? 왜 선생님처럼 나서는 건데?"

"박재범, 너 지금 뭐라고 했어? 아까 선생님이 우리한테 합창단 연습을 맡겼다고 말했잖아. 모르면 잠자코 있으라고."

재범이를 노려보는 은미의 눈이 섬뜩했다. 머리까지 길게 늘어뜨리고 있으니 마치 귀신처럼 보였다.

"석우야, 칠판에 떠드는 애들 이름 적어. 합창 연습 방해하는 애들 이름 적어서 내일 선생님한테 보여 드릴 거니까. 박재범부터 적어, 어서!"

은미가 명령하듯 말하자, 재범이가 소리를 빽 질렀다.

"내가 무슨 잘못을 했다고? 내 이름 적기만 해 봐! 김석우! 너, 너무 심한 것 아니야? 손은미한테 무슨 약점이라도 잡혔어?"

석우는 재범이와 은미 사이에서 허둥댔다. 분필을 손에 든 채 어찌할 바를 몰라 했다.

"김석우, 내가 박재범 적으라고 했잖아. 내 말 안 들려?"

"김석우, 너 내 이름 적지 마!"

은미와 재범이는 팽팽하게 눈싸움을 했다. 그 사이에서 석우는 금방이라도 울음을 터뜨릴 것 같은 얼굴로 서 있었고, 아이들은 모두 침묵했다. 마치 풍선이 뻥 하고 터지기 직전처럼 긴장되는 순간이었다.

'어떡하지! 아무래도 저러다 한바탕 싸우겠는걸.'

현이는 조마조마한 마음으로 지켜보았다. 은미 때문에 좋아하는 두 친구의 사이가 틀어지는 것은 참을 수 없었다.

'얘들아, 제발 싸우지 마!'

현이는 잠시 고민하다가 용기를 내어 바이올린을 켜기 시작했다. 바로 〈사랑의 인사〉라는 곡이었다.

할아버지는 이 음악을 들으면서 말씀하셨다. 사람의 마음은 집과 같다고. 다만 그 집으로 들어가는 문을 찾기가 어려워 오해가 생기는 것이라고. 현이는 할아버지의 이야기를 떠올리며 바이올린을 연주했다.

아름답고 정겨운 멜로디가 울려 퍼지자, 아이들은 어리둥절한 표정을 지었지만 이내 그 선율에 빠져 들었다. 재범이와

석우의 얼어붙은 표정도 한결 누그러졌다. 〈사랑의 인사〉는 금방 아이들의 기분을 달라지게 만들었다. 하지만 단 한 사람만은 예외였다.

"야, 시끄러워! 너 미쳤어? 지금 뭐 하는 거야!"

은미가 분을 참지 못하고 현이 앞으로 달려왔다. 시뻘게진 얼굴로 고래고래 소리를 질렀다. 하지만 현이는 바이올린을 멈추지 않았다. 차가운 눈길로 은미를 한번 바라보았을 뿐이었다.

"미친놈! 너, 까불지 마!"

은미의 입에서 형편없는 욕설이 터져 나왔다. 바이올린 소리를 거친 말로 이겨 보겠다는 건지, 은미는 계속 욕설을 퍼부어 댔다.

'더러운 욕 따위는 듣지 않을 테야!'

현이는 마치 음악으로 만든 귀마개를 쓴 것처럼 끄떡도 하지 않았다. 보다 못한 재범이가 다가와서 활을 쥔 현이의 오른손을 꽉 잡았다.

"현아, 나가자."

재범이의 이 한마디에 현이는 조용히 바이올린을 들고 음악실을 나왔다.

귀 기울여 봐

어찌 된 영문인지 선생님은 어제 음악실에서 일어난 소동에 대해 아무 말도 하지 않았다.

"현아, 이상하지 않냐? 은미랑 석우가 고자질했을 게 뻔한데 말이야."

재범이는 초조한지 다리를 달달 떨면서 말했다.

"선생님이 아직 모르시는 것 같지, 응?"

현이가 보기에도 선생님은 언짢은 기색이 전혀 없었다. 오히려 뭔가 걱정이 사라진 개운한 표정으로 입을 열었다.

"아주 반가운 소식이 있다. 옆 반 장윤희 선생님이 우리 합창단 연습을 도와주기로 하셨어. 선생님은 대학에서 음악 교육과를 졸업하셨고, 동요를 지도한 경험도 많으시니까 우리

한테 큰 도움이 될 거야."

그러자 아이들이 "우와!" 하고 환호성을 질렀다. 장윤희 선생님은 긴 생머리에 얼굴도 예뻐서, 아이들 사이에서 '전지현'이라는 별명으로 불렸다.

"일주일에 두 번 있는 음악 시간마다 장윤희 선생님이 들어오셔서 지도해 주실 거야. 오늘부터 합창 연습에 들어간다. 우리 합창단의 특색은 바이올린과 피아노가 합주로 들어간다는 점이야. 그러니까 석우랑 은미, 현이는 더욱 열심히 해야 한다. 알겠지?"

석우와 은미는 큰 소리로 "네!" 하고 대답을 했다. 대답을 하면서 은미는 싸늘한 눈빛으로 현이를 흘겨보았다. 현이도 시선을 피하지 않고 차갑게 응시했다.

"흥! 웃기지도 않아."

은미가 고개를 돌리면서 혼잣말을 하는 소리가 들렸다.

음악 시간이 되자, 정말로 장윤희 선생님이 들어왔다. 생긋 웃으며 들어오는 장윤희 선생님 뒤로 사오정 선생님이 따라 들어왔다.

"저는 뒤에 가만히 앉아서 어떻게 지도하시는지 배우겠습니다."

"아이, 오 선생님도. 저한테 배우시다니요."

장윤희 선생님이 수줍게 말하며 말렸지만, 사오정 선생님은 정말로 맨 뒤 빈자리에 가서 앉았다.

장윤희 선생님은 여전히 미소 띤 얼굴로 질문을 던졌다.

"여러분, 합창을 하면 참 좋은 점이 있어요. 뭘까요?"

서로 대답을 할까 말까 망설이고 있는데, 석우가 손을 번쩍 들었다.

"아무도 빠지는 사람이 없이 모두 함께할 수 있어요."

"맞아요. 피아노 반주를 맡은 김석우지? 석우가 아주 중요한 사실을 알고 있네요. 합창은 누구 한 사람이 노래를 잘한다고 해서 튀거나 두드러져선 안 돼요. 조화를 이루는 게 중요한 거죠. 합창에 관한 아름다운 동시가 있는데, 칠판에 적을 테니까 여러분도 공책에 적어 보세요."

장윤희 선생님이 칠판에 동시를 적기 시작하자, 아이들도 따라 적었다. 잠시 동안 교실 안은 연필이 사각거리는 소리만 들릴 뿐이었다.

귀 기울여 봐

_이경애

여럿이 노래할 땐
화음을 맞추자

가락은 서로 다르지만
쉬잇! 잘 들어 봐

내가 부르는 노래가
내 귀에 들릴 만큼만
소리를 내자

서로의 소리에
귀 기울이고
그 소리에
화음을 맞추는 거야
참 듣기 좋지?

목소리를 맞추면

마음도 맞출 수 있어

한 송이 꽃보다

꽃다발이 더 아름답듯

합창은

노래로 만드는 꽃다발이야

아이들이 동시를 다 받아 적자, 장윤희 선생님이 말했다.

"다 같이 소리 내서 읽어 봅시다."

아이들이 칠판을 보며 읽기 시작했다. 그런데 웅성웅성할 뿐 동시를 읽는 느낌이 없었다. 빠르게 읽는 아이, 천천히 읽는 아이, 서로 읽는 속도가 달라서 시끄럽기만 했다.

"참 좋은 동시인데, 다 같이 읽으려니 소리를 맞추기가 힘들죠? 연습을 하면 금방 맞출 수 있어요. 자, 선생님이 먼저 읽을 테니까 한 연씩 따라 읽어 보세요."

장윤희 선생님이 한 연을 읽으면 그 다음에 아이들이 따라 읽었다. 그렇게 하니까 소리가 흩어지지 않고 한 사람의 목소리처럼 들렸다. 그렇게 한 연씩 읽는 연습을 몇 번 한 뒤, 장윤희 선생님이 말했다.

"자, 이번엔 여러분이 처음부터 끝까지 쭉 읽어 보세요."

다 같이 시를 읽자 제법 한목소리로 또랑또랑 울려 퍼졌다.

"우와!"

"아까랑 딴판이다!"

"정말 딱딱 들어맞는다!"

아이들은 정말 신기하다는 반응이었다.

"시에서 합창은 노래로 만드는 무엇이라고 했죠?"

장윤희 선생님이 웃는 얼굴로 묻자, 아이들은 한목소리로 크게 대답했다.

"꽃다발이요!"

"우선 소프라노랑 알토 파트로 나누어서 할 거예요. 다른 파트의 노래를 잘 듣고, 자기 파트의 노래도 잘 들으면서 서로 어우러지면 아름다운 합창이 될 거예요."

현이는 새롭게 알게 되었다. 함께 조화를 이루려면 귀를 기울여서 서로의 소리를 잘 들어야 한다는 것을.

'한 송이 꽃보다 꽃다발이 아름답듯이, 합창은 노래로 만드는 꽃다발이야!'

정말 맞는 말이었다. 화음을 맞추면 얼마나 아름다운지는 조금 전 동시를 읽으면서도 충분히 경험할 수 있었다.

"자, 그럼 먼저 소프라노와 알토를 나눕시다. 여학생들이 고음을 더 잘 내니까 소프라노를 맡고, 남학생들은 알토를 하는 게 어떨까? 물론 남학생이라도 소프라노를 꼭 하고 싶다면 바꿔 줄 수 있어요."

여태 잠잠하던 은미가 손을 번쩍 들었다.

"선생님, 알토가 더 많아야 하잖아요. 여자 애들 중에서 목소리가 높이 올라가기 힘든 사람은 알토를 하면 좋겠어요."

"아유, 참 영특하구나! 당연히 알토가 더 많아야지."

은미가 나서서 여자 애들 목소리를 듣고 알토로 가야 될 아이들을 골랐다.

"높은 도부터 해 봐. 도레미파……."

현이는 은미를 보며 새삼스레 감탄했다.

'저렇게 똑똑한 애가 왜 나를 괴롭히지 못해서 안달일까? 하필이면 왜 나지?'

합창 연습을 하게 되어 설레기도 했지만, 마음 한구석으로는 불안함이 스며들었다.

'은미랑 같이 바이올린 연주를 잘할 수 있을까?'

"자, 발성 연습 따라하세요. 아아아아아."

"아아아아아."

"입을 아주 크게 벌려야 돼요. 그래야 충분히 공명할 공간이 만들어져요."

"아아아아아."

아이들은 하품을 할 때처럼 입이 찢어지도록 크게 벌렸다.

"학예회에서 두 곡을 부를 거라고 들었는데. 〈나뭇잎 배〉랑 〈소리는 새콤 글은 달콤〉이죠?"

"네에!"

"먼저 〈나뭇잎 배〉를 불러 볼 거예요. 소프라노 파트부터 익히겠지만, 일단은 다 같이 불러 봅시다."

"선생님, 알토 파트 부르는 사람도 불러야 해요?"

벌써 변성기가 왔는지 목에서 쇳소리가 나기 시작한 욱이가 물었다.

장윤희 선생님은 고개를 절레절레 흔들었다.

"자기 파트만 익히면 곤란해요. 다른 파트도 같이 익혀야 정확히 들을 수 있어요. 그래야 음감이 좋아지고 노래를 잘 부르게 되는 거예요."

"음감이 뭐예요, 선생님?"

재범이가 재빨리 손을 들고 물었다.

"음에 대한 감각이에요. 음의 높낮이나 노래하는 소리를 잘 분별할 수 있는 능력을 말하는 거죠."

"전 음감 좋아요!"

재범이는 자신 있게 말했다.

"칫! 음치 주제에."

누군가의 말에 아이들 모두 와하하 웃음을 터트렸다.

"자, 다 같이 악보를 보면서 소프라노 부분을 불러 봅시다. 석우, 반주 준비됐지?"

피아노 의자에 앉아 있던 석우는 준비되었다는 듯 건반에 손을 올렸다.

"참, 피아노랑 바이올린이 합주를 한다고 했지? 바이올린은 누가 하죠?"

은미가 먼저 앞으로 나가 피아노 옆에 섰다. 현이도 따라 나갔다.

"피아노하고 바이올린이 먼저 전주 부분을 해 보자. 시작!"

석우가 피아노를 치고, 현이와 은미는 바이올린을 켜기 시작했다. 그런데 은미의 박자가 너무 빨랐다. 석우와 현이는 은미를 따라가느라 허둥댔다.

"잠깐! 박자가 서로 다 틀려. 아무래도 합주 연습을 따로 해야겠는걸."

선생님의 말에 은미는 뱀눈으로 석우와 현이를 노려보았다. 그때 맨 뒤에서 조용히 지켜보던 사오정 선생님이 자리에서 일어서며 말했다.

"너희 세 사람은 매일 방과 후에 남아서 합주 연습을 좀 해야겠다."

"석우야, 빨리 연습하고 가자."

은미는 가방에서 초콜릿 바를 두 개 꺼내서 하나를 석우에게 내밀며 친근하게 말했다.

"고마워."

석우는 초콜릿 바를 입에 넣으려다 말고 반을 뚝 잘라서 현이에게 내밀었다. 그러자 은미가 현이 손에 닿으려는 초콜릿 바 반쪽을 거칠게 빼앗아서 도로 석우에게 주었다.

"주지 마! 너만 먹어."

현이는 당황한 나머지 쓴웃음이 나왔다. 오히려 석우가 무안해서 어쩔 줄 몰라 했다.

"어서 먹어! 배고프잖아."

은미가 석우의 입에 초콜릿 바를 넣어 주면서 재촉하자, 석우는 눈살을 찌푸렸다.

"괜찮아, 난 초콜릿 잘 안 먹어."

현이가 나직하게 말하자 그제야 석우는 입에 문 초콜릿 바를 우물우물 먹었다.

"석우야, 그럼 시작하자."

은미는 석우에게만 말을 걸었다. 현이한테는 눈길 한번 주지 않았다. 석우가 반주를 시작하자, 현이도 말 없이 바이올린을 켜기 시작했다. 오로지 석우의 피아노 소리에만 신경을 집중했다.

은미는 이번에도 역시 빨랐다. 석우가 갑자기 피아노를 뚝 멈추며 조심스레 말했다.

"은미야, 너 박자가 너무 빨라."

"내가?"

"응."

순간 은미의 눈초리가 매섭게 변했다.

"그럼 우리 둘이서만 해 보자."

석우가 현이에게 눈으로 괜찮은지 물었다. 현이는 괜찮다는 눈짓을 보냈다. 석우와 은미는 전주 부분을 시작했다. 이번에도 은미는 한 박자 먼저 빠르게 나아갔다.

"이것 봐. 박자가 좀 빠르다니까. 악보를 잘 보고 해 봐."

석우가 부드럽게 말했지만 은미는 버럭 화를 냈다.

"내가 왜 빨라? 네가 틀린 거지. 너야말로 박자가 너무 느리잖아!"

그러더니 바이올린을 케이스에 넣고는 휙 나가 버렸다. 바이올린을 연주할 때처럼 동작도 빨랐다. 당황한 석우가 "은미야!" 하고 불러도 대꾸도 하지 않고 사라져 버렸다.

"어떡하지?"

석우는 초조한지 손을 비비며 말했다.

"우리 둘이 그냥 연습하자."

현이가 덤덤하게 말하자 석우는 창문 쪽을 쳐다보며 대답했다.

"은미가 화낼 거야. 음악실 밖에 숨어서 보고 있을지도 모르고."

"그럼 딱 한 번만 맞춰 보자. 난 한 번이라도 제대로 맞춰 보고 싶어."

석우가 고개를 끄덕이고는 피아노를 치기 시작했다. 현이

도 피아노 소리에 맞춰 바이올린을 켰다. 두 사람의 박자는 빠르지도, 느리지도 않았다. 처음 맞춰 보는 건데 제법 그럴 듯한 연주가 되었다.

"좋은데! 한 번 더 할까?"

석우가 빙긋이 웃으면서 다시 피아노 건반을 두드리기 시작했다.

"오늘 무슨 좋은 일 있었니? 얼굴이 환하구나."

"할아버지, 오늘 친구랑 합창단 반주 연습 했어요. 김석우란 친구인데 걔는 피아노를 치고, 저는 바이올린을 켜고요."

"그래? 그 애 보고 한번 우리 집에 놀러오라고 해라. 같이 연주하는 모습을 보고 싶구나."

"그럴게요. 그럼 할아버지가 맛있는 우동 끓여 주실 거죠?"

"허허허, 그럼! 우리 귀한 손자 친구인데, 더 맛있는 것도 해 줄 수 있지."

현이는 숙제를 하면서도 계속 입속으로 〈나뭇잎 배〉를 흥얼거렸다.

잠시 후 전화벨이 울리는 소리가 들렸다.

"현아, 석우라는 친구 전화다. 아까 네가 말한 그 친구지?"

할아버지가 건네주는 전화기를 받으며 현이의 입가에 걸린 웃음이 더 커졌다.

"현아······."

석우의 목소리에는 힘이 하나도 없었다.

"저기······, 너한테 제일 먼저 알려 줘야 할 것 같아서. 있지······, 나 피아노 반주 못하게 됐어."

현이는 순간 머리가 멍해졌다.

"엄마가 하지 말래. 반주 연습 때문에 수학 학원 빠지면 안 된다고 막 화를 내셔."

"그럼 수학 학원 끝나고 내가 너희 집에 가서 연습하면 되잖아?"

현이는 한밤중에 석우네 집에 달려가서라도 함께 연습하고 싶었다.

"······안 돼. 우리 엄마랑 은미 엄마가 그렇게 하기로 했대. 미안해."

석우의 목소리가 쓸쓸하게 들렸다.

'석우 엄마랑 은미 엄마가 그렇게 하기로 했다고?'

현이는 이해할 수가 없었다.

"왜 은미 엄마가 그렇게 하라고 하셔? 그럼 은미도 바이올린 연주 안 한대?"

"나중에 얘기할게. 정말 미안해, 현아."

현이는 멍해졌다.

'그럼 합창단 반주는 어떻게 되는 거지?'

산 넘어 산

"석우가 피아노 반주를 못하게 되었어. 누구 피아노 반주하고 싶은 사람 없나?"

사오정 선생님이 피곤한 목소리로 물었다. 석우는 죄인처럼 고개를 푹 수그렸다. 은미만 뭐가 그렇게 즐거운지 생글생글 환한 표정이었다.

"선생님, 석우가 왜 반주를 못하는 거예요?"

재범이가 당황한 목소리로 물었다.

"석우 어머니가 찾아오셔서 간곡하게 부탁을 하셨어. 곧 수학경시대회에 나가야 하기 때문에 시간을 낼 수가 없다고."

그러자 다른 아이들도 볼멘소리로 항의를 했다.

"저도 집에 늦게 간다고 엄마가 싫어해요."

"수업 끝나고 연습하는 것 힘들어요!"

"합창 연습 재미없어요!"

그러자 선생님이 벼락같이 소리를 질렀다.

"누구는 합창단 하고 싶은 줄 알아? 선생님도 어쩔 수 없이 하게 된 거잖아! 합창을 지도해 본 적도 없어서 옆 반 선생님께 어려운 부탁까지 했다고."

교실 안은 숨이 막힐 듯 무거운 침묵이 흘렀다. 숨을 크게 쉬기도 거북한 분위기였다. 잠시 후, 선생님은 벌컥 화를 냈던 것이 미안했는지 새로운 제안을 했다.

"기왕 하기로 한 거니까 끝까지 잘해 보자. 나중에 합창 공연 마치면 선생님이랑 다 같이 놀이동산에 가서 실컷 놀자! 어때?"

변성기 때문에 노래를 할 때마다 괴로워하는 욱이가 가장 먼저 탄성을 질렀다.

"우와, 정말 놀이동산에 가요? 선생님, 그럼 피자랑 콜라 파티도 해요!"

"암, 우리 반 깜짝파티를 해야지! 합창 공연만 무사히 끝나면 신나는 파티가 기다리고 있을 거야."

아이들은 깜짝파티라는 말에 술렁거렸다. 다 같이 놀이동산에 가고 신나는 파티도 한다니, 모두들 생각만 해도 기분이 들뜨는 모양이었다.

"그럼 합창 연습에 반대하는 사람 없지? 선생님도 음악에는 문외한이라 자신이 없지만, 옆 반 선생님께 배워서라도 잘해 보려고 하잖아. 좀 봐줘라!"

"네, 선생님. 봤어요!"

갑자기 연지가 큰 소리로 대답을 했다. 순간 선생님은 어안이 벙벙한 얼굴로 아이들을 바라보았다.

"와하하하."

아이들은 선생님이 '좀 봐줘라.'라고 한 말의 뜻을 연지가 잘못 이해했다는 사실을 깨닫고는 배를 잡고 웃어 댔다. 연지의 엉뚱한 대답에 아이들이 웃는 모습을 보며 선생님도 너털웃음을 터뜨렸다.

"요새 연지가 아침 자습도 꼬박꼬박 잘하고, 수업도 잘 듣고 아주 좋아. 연지야, 합창 연습도 잘하자."

선생님이 연지에게 다가가 머리를 쓰다듬어 주었다. 연지는 목소리에 기쁨을 가득 담아 "예!" 하고 대답했다. 연지는 예전에 비해 확실히 뭔가 달라졌다.

그런데 현이는 아직도 정말 궁금한 것이 있었다.
'연지는 정말 내가 뱀처럼 소름끼치게 싫었을까?'

"피아노 반주자를 새로 정해야 한다면서? 피아노 잘 치는 사람 좀 추천해 봐요."

장윤희 선생님의 말이 떨어지기가 무섭게 여기저기서 번쩍 번쩍 손을 들었다. 아이들은 "누구는 피아노 대회에서 상 받았어요.", "누구는 베토벤 소나타를 잘 쳐요." 하면서 추천을 했다. 하지만 정작 추천을 받은 아이들은 조금도 좋아하는 기색이 없었다.

"피아노 콩쿠르에 나가는 것도 아닌데요, 뭘."

"영어 학원에 늦는단 말이에요. 그럼 진도를 못 따라가서 힘들어요."

"엄마가 합창단에서 피아노 치는 걸 별로 안 좋아하세요."

피아노에 능숙한 아이들은 꽤 여럿이었지만, 아무도 반주를 하려고 하지 않았다.

"식우 때문에 이게 뭐야? 아, 김식우! 손은미가 또 시켰어? 하지 말래?"

재범이가 짜증스럽게 물었다. 내내 고개를 푹 수그리고 있던 석우는 눈을 들어 원망스런 눈길로 재범이를 바라보았다.

"이러면 정말 곤란한데……."

장윤희 선생님이 실망한 듯 나직하게 혼잣말을 했다.

'어떡하지? 석우가 애들한테 욕을 많이 듣겠다.'

현이는 석우의 풀 죽은 모습을 보다가 문득 연지를 보았다.

'맞아! 연지가 지난번에 〈사랑의 슬픔〉을 잘 쳤지? 깜박 잊고 있었네.'

하지만 왠지 망설여졌다. 아이들은 모두 연지를 바보 취급하고 은미의 시녀라고 생각한다. 비밀 친구 도우미를 하느라 우연히 알게 된 연지의 숨은 모습을 아는 사람은 아무도 없었다. 아무것도 모르는 아이들은 또 좋아한다느니 하며 놀릴지도 모른다. 은미가 나서서 심한 말을 할지도 모르고.

'괜히 연지를 추천했다가 나만 이상해지는 거 아닐까?'

가만히 있으면 뒤탈은 생기지 않을 것이다. 현이는 모르는 척해야겠다고 생각하고는 창밖으로 시선을 돌렸다.

"내가 피아노 반주를 대신 할 수는 없어요. 앞으로 여러분한테 합창 지도를 할 기회도 몇 번밖에 없고, 그 다음부턴 오장수 선생님과 여러분이 스스로 알아서 합창 연습을 하고 학예회에 참가해야 되는 거예요. 선생님은 옆 반 담임이니까 아무래도 우리 반 아이들한테 더 신경을 쓸 수밖에 없어요. 정말 누구 없을까?"

"에이, 김석우 약았어. 정말 실망이야!"

이번에는 욱이가 탄식하듯 중얼거렸다. 아이들의 따가운 눈초리가 석우한테 쏟아졌다. 석우는 여전히 고개를 푹 수그리고 있어서 어떤 표정인지 알 수가 없었다.

'안 되겠어.'

현이가 손을 번쩍 들었다.

"선생님, 정연지가 피아노를 잘 쳐요."

"정연지? 연지가 누구지? 한번 일어나 봐요."

연지의 두 볼이 사과처럼 발그레하게 물들었다.

연지는 부끄럽다는 듯 얼굴을 두 손으로 가리고 어쩔 줄 몰라 했다.

"귀엽게 생겼네. 앞으로 나와서 피아노 쳐 볼래?"

아이들이 믿을 수 없다는 듯 현이와 연지를 번갈아 보았다.

"현아, 너 장난하냐?"

재범이가 짜증스럽게 물었다. 석우도 어느새 고개를 들고 걱정스러운 눈빛으로 현이를 바라보았다.

"연지가 어떻게 피아노를 쳐? 꼴찌는 맡아 놓고 하는데다 한자도 잘 못 쓰는 앤데."

"걔가 피아노 친다는 말은 한 번도 들어 본 적 없어. 작년에도 같은 반이었지만."

재범이와 욱이가 수군거렸지만 현이는 전혀 동요하지 않았다.

"흥!"

은미는 코웃음을 치면서 옆에 있는 아이한테 뭐라고 귓속말을 했다. 그러자 그 아이는 깔깔거리고 웃으면서 경멸 어린 눈빛으로 현이를 쏘아보았다.

"연지야, 어서 나와 봐. 친구가 추천했잖아."

연지는 머뭇거리며 앞으로 나가 피아노 의자에 앉았다. 그러고는 장윤희 선생님과 의아한 표정의 아이들을 둘러보더니 별안간 히죽 웃어 보였다. 그 모습에 아이들 모두 뒤로 넘어

갈 듯 까르르 웃어 댔다. 현이만 바짝 긴장하고 지켜보았다.

'연지야, 진짜 네 실력을 보여 줘.'

연지가 피아노 건반을 두드리자 아이들의 얼굴에서 점점 웃음기가 사라졌다. 나뭇잎 배의 애잔하고 쓸쓸한 느낌이 고스란히 전해졌다. 피아노가 얼마나 아름답고 풍요로운 소리를 갖고 있는지 충분히 느끼게 해 주는 연주였다.

피아노를 치는 연지의 눈빛은 그 어느 때보다도 초롱초롱했다. 이유도 없이 바보처럼 히죽히죽 웃거나 시녀처럼 은미의 뒤를 졸졸 따라다니던 아이 같지 않았다.

피아노 연주가 끝나자 아이들 모두 "우와!" 하며 진심 어린 박수를 보냈다. 현이도 안도의 한숨을 내쉬며 힘껏 박수를 쳤다.

"어머! 연지가 피아노를 참 잘 치는구나. 체르니 40번 정도 치니?"

장윤희 선생님이 상냥하게 묻자, 연지는 입을 헤벌쭉 벌리면서 힘차게 "네!" 하고 대답했다.

"연지가 피아노 반주를 맡아 주면 참 좋겠는데……."

그러자 연지는 어떻게 했으면 좋겠냐는 듯이 얼른 은미 쪽을 바라보았다. 은미는 잽싸게 고개를 좌우로 흔들면서 하지 말라는 신호를 보냈다. 그 동작이 어찌나 빠른지 다른 아이들은 전혀 눈치를 채지 못했다.

현이는 마음속으로 '제발 연지야, 은미의 말을 듣지 말아 줘!' 하고 부르짖었다. 현이가 외치는 마음의 소리가 들렸을까? 연지가 문득 현이를 바라보았다. 현이는 고개를 한번 끄덕였다. 합창단 반주를 같이 하자는 뜻이었다. 연지의 눈빛이 잠시 흔들렸다. 그러더니 다시 은미를 보았다.

"……선생님, 저 안 할래요."

"아, 아쉽다. 참 잘할 것 같은데."

연지는 고개를 절레절레 흔들었다.

"뭐야, 쟤?"

"그럼 앞에 나가서 피아노는 왜 친 거야?"

아이들이 불평을 하기 시작했다.

"연지야, 집에 가서 어머니랑 한번 의논해 봐. 선생님은 네가 하면 참 좋겠다."

연지는 아무 말도 하지 않았다. 현이는 은미를 힘껏 째려보았다. 은미 역시 거만하게 눈빛으로 현이를 노려보면서 '쳇!' 하고 코웃음을 쳤다.

마음의 문을 열어 줘

"석우한테 실망했다는 애들이 많아. 자식, 엄마랑 은미 눈치 보느라 아무것도 못해. 중학생처럼 키만 훌쩍 크면 뭐 하냐? 공부만 잘하면 뭐 하냐고."

재범이가 괘씸하다는 듯이 말했다.

"연지 걔 말야, 아무것도 못하는 바보인 줄 알았는데 정말 깜짝 놀랐어. 그런데 현이 넌 어떻게 알았냐? 정말 연지 좋아해서 몰래 따라다닌 거야?"

합창 연습을 한 뒤라 그런지 욱이는 더 심한 쉿소리를 내며 물었다.

"야, 공욱! 아무렴 현이가 연지를 좋아하겠냐? 은미가 현이 골탕 먹이려고 한 말이지."

재범이가 현이를 감싸 주었다.

"그런가? 아무튼 빨리 학예회 끝나고 놀이동산에 놀러갔으면 좋겠다."

"야, 피아노 반주도 없는데 무슨 학예회고, 놀이동산이냐? 꿈 깨셔!"

"아, 피아노 반주 없이 그냥 하면 안 되나? 연지는 기껏 앞에 나가서 피아노 쳐 놓고, 왜 반주는 안 한다는 거야?"

재범이와 욱이가 투덜거리며 이야기를 나누는 동안 현이의 마음속에는 갈등이 일고 있었다.

'내가 연지한테 직접 부탁을 해 볼까? 아니야, 진짜 나를 싫어할지도 모르는데…….'

하지만 어차피 석우가 반주를 할 수 없게 되었으니, 연지라도 피아노 반주를 꼭 해 주었으면 좋겠다 싶었다. 현이가 보기엔 석우만큼이나 연지도 피아노를 잘 쳤다.

현이는 낙타 그림을 보면서 생각에 잠겼다.

'통타야, 어떻게 해야 할까? 나도 너처럼 포기하지 않고 사막의 끝까지 가고 싶어. 지금 내가 가야 할 사막의 끝은 바로 우리 반 아이들과 멋진 합창단을 만드는 거야. 그런데 자꾸

이런저런 문제로 삐걱거리고……, 거기다 피아노 반주자까지 없어서 상황이 많이 안 좋아.'

통타의 영리한 눈빛이 현이를 향하고 있는 듯했다. 현이는 바로 코앞에 있는 통타를 뚫어지게 바라보았다. 혹시 무슨 대답이라도 들을 수 있지 않을까 하는 마음으로.

"현아, 노크해도 대답을 안 해서 밖에 나간 줄 알았다."

등 뒤에서 할아버지의 목소리가 들렸다.

"사막을 끝까지 간 낙타한테 뭘 물어 보고 있었어요."

"낙타가 대답을 해 주더냐?"

"아니요, 할아버지가 대신 대답해 주세요."

현이는 석우가 합창단 반주를 그만둔 일과 연지가 은미 때문에 반주를 하지 않겠다고 한 사정을 모두 이야기했다.

"할아버지, 전 연지가 꼭 피아노 반주를 하면 좋겠어요. 그런데 저를 싫어한다고 하니까 그런 마음을 말할 수 없잖아요. 그렇다고 비밀 친구 도우미를 하느라 따라다닌 거라고 말할 수도 없고요. 정말 어떻게 해야 할지 모르겠어요."

할아버지는 두 눈을 감고 잠시 생각에 잠겼다.

"현아, 내가 전에 말했지? 사람의 마음은 집과 같다고 말이야. 그 집에 들어가고 싶다고 성급하게 담을 부수려고 하지 말고 문을 찾으라고 했지?"

"네, 기억나요. 그 사람의 진정한 마음을 알아볼 때 문을 찾을 수 있다고 하셨어요. 그런데 어떻게 해야 다른 사람의 진정한 마음을 알아볼 수 있어요?"

"우리 현이 참 기특하다! 이 할아비 말을 잘 기억하는구나. 현아, 연지란 친구나 너희 반 합창단을 향한 네 마음은 어떤 거니? 다 같이 힘을 합쳐 잘해 보고 싶은 거잖아.

그럼 네가 먼저 마음을 활짝 열어서 그 마음을 보여 주면 어떨까? 친구의 마음이 열릴 수 있게 네가 먼저 마음의 문을 열고 귀를 기울이는 거지."

"제가 먼저 마음의 문을 열어 주고 귀를 기울이라고요? 그렇게 했는데도 연지가 들어오지 않으면요?"

"사막을 끝까지 간 낙타를 생각해 봐라. 아무리 힘들어도 앞으로 한 발을 내딛어야만 사막을 지나갈 수 있는 거야. 그러니까 너도 갈 길이 멀다고 걱정만 하면서 가만히 있지 말고 진심을 담아서 먼저 한 걸음 다가서야 하지 않을까?"

현이는 용기를 내기로 마음먹었다. 그래, 가만히 걱정만 하고 있으면 마음만 더 무거워질 뿐이야.

"누구세요?"

목소리가 들리는 순간, 갑자기 도망을 치고 싶었다. 하지만 숨을 한 번 크게 쉬고 참았다.

"저……, 연지랑 같은 반 친구인데요."

현관문이 열리고, 따스한 인상에 언시와 비슷하게 생긴 아줌마가 나타났다.

"연지 피아노 학원에 갔는데. 우리 연지랑 친구니?"

"네, 같은 반이에요."

연지 엄마는 어딘지 걱정스러운 표정으로 물었다.

"무슨 일로 왔니?"

현이는 말문이 막혔다. 어떻게 이야기를 꺼내야 하나? 엄마한테도 마음을 쉽게 표현하지 못하는 현이로서는 처음 보는 어른 앞에서 부탁의 이야기를 꺼내려니 입이 떨어지지 않았다.

"……저, 연지한테 피아노 반주를 부탁하고 싶어서요. 저는 합창단에서 바이올린을 연주하거든요. 저……, 연지가 피아노를 참 잘 쳐서요."

현이의 목소리가 떨렸다. 겨우 하고 싶은 말을 다 했다.

"바이올린? 그럼 네가 현이니?"

"어, 어떻게 저를……?"

순간 연지 엄마의 얼굴에 찬바람이 확 돌았다. 걱정스러움은 온데간데없이 사라지고 냉랭한 기운만 감돌았다.

"은미 엄마한테 네 얘기 들었어. 은미한테도 들었고. 그냥 돌아가라. 우리 연지는 피아노 반주 안 할 거야."

현이는 앞이 캄캄했다. 어째서 은미는 엄마까지 동원해서 자신을 미워하고 괴롭히는 걸까? 별명이 마녀라고는 해도 연

지 엄마한테까지 욕을 하고 다닐 줄은 몰랐다.

"……네. 그럼 안녕히 계세요."

현이가 몹시 무안하고 실망한 표정으로 현관문을 막 나서려고 할 때였다.

"어?"

연지가 피아노 가방을 들고 문밖에 서 있었다.

"이현, 네가 우리 집엔 웬일이야?"

연지는 환하게 웃었다. 현이가 당황할 만큼 따뜻한 눈빛이었다.

"어서 가렴."

연지 엄마가 현이의 등을 살짝 밀었다.

"네. 연지야, 잘 있어."

현이는 연지에게 인사를 하고 현관문을 나섰다.

"현아, 잠깐만 기다려 봐."

연지는 현이를 불러 세워 놓고는 엄마한테 말했다.

"엄마, 내 친구한테 왜 그래요? 친절하게 대해 주지도 않고."

연지 엄마와 현이의 눈이 동시에 휘둥그레졌다.

연지의 방은 핑크 빛 침대와 책상 옆에 놓인 하얀색 피아노 덕분인지 무척 화사했다. 현이는 어색해하며 주춤주춤 이야기를 꺼냈다.

"연지야, 네가 나를 싫어할지도 모르지만……, 네가 꼭 들어 줬으면 하는 부탁이 있어."

"어떤 부탁인데?"

현이는 조심스럽게 말했다.

"네가 피아노 반주를 해 주면 좋겠다."

연지가 곤란한 표정을 지었다.

"나도 하고 싶기는 한데, 그런데……."

연지가 말끝을 흐렸다.

"그런데 왜?"

연지는 머뭇머뭇하다가 어렵게 입을 열었다.

"사실은 은미가 하지 말라고 했거든."

"난 네가 누구보다 잘 할 거라고 생각해. 그때 너 〈사랑의 슬픔〉도 하나도 틀리지 않고 잘 쳤잖아."

연지의 눈빛이 초롱초롱해졌다.

"그래? 근데 은미는 나한테 그렇게 말하지 않았어. 내가 무대에 서면 분명히 실수하고 틀릴 거라고……. 그럼 애들이 나를 더 놀릴 거랬어."

현이는 답답한 나머지 저절로 목소리가 커졌다.

"연지야, 진짜 네 마음만 얘기해 봐. 하고 싶은 거야, 안 하고 싶은 거야?"

연지는 고개를 숙인 채 작은 목소리로 말했다.

"은미만 아니면 하고 싶어."

"너는 은미가 그렇게 무섭니?"

"은미가 나를 따돌릴까 봐 무서워. 내가 피아노 반주한다고 하면 같이 놀아 주지도 않을 거야. 은미한테 잘못 보이면 나, 우리 반에서 정말 왕따 당할지도 몰라."

그러자 현이는 자기도 모르게 이렇게 말하고 말았다.

"친구의 마음을 무시하는 친구는 진짜 친구가 아니야! 아무 걱정하지 마. 내가 네 친구가 되어 줄게. 우리 같이 잘해 보자, 응?"

연지는 안심이 되는지 미소를 지어 보였다.

"연지야, 진심으로 부탁할게. 난 우리 반이 합창을 할 때, 너랑 같이 멋진 합주를 보여 주고 싶어! 무대에서 난 바이올린으로, 넌 피아노로 우리 실력을 제대로 발휘해 보자."

연지가 뭐라고 대답을 하기도 전에 방문이 벌컥 열렸다. 연지 엄마가 문밖에서 듣고 있었던 모양이다.

"현이라고 했지? 너 정말 우리 연지가 무대에서 잘할 거라고 믿니?"

"그럼요! 오늘 연지가 피아노 반주할 때 우리 반 아이들이 모두 깜짝 놀랐어요. 합창을 지도해 주시는 선생님도 정말 잘한다고 칭찬하셨고요. 연지가 반주를 하면 참 좋겠다고 하셨는걸요."

연지가 간절한 눈길로 엄마를 바라보며 물었다.

"엄마, 해도 돼?"

연지 엄마는 고민이 되는지 선뜻 된다고 대답하지 않았다.

"이따 아빠 오시면 같이 의논해 보자. 아무튼 현아, 우리 집에 와 줘서 고맙다."

"현아, 또 놀러 와!"

연지는 함박웃음을 지으며 말했다.

현이는 집까지 한달음에 내달렸다. 한시라도 빨리 할아버지에게 오늘 일을 이야기하고 싶었다.

"현아, 왜 이렇게 숨이 차니?"

할아버지는 숨이 턱에 차서 뛰어 들어오는 현이를 보며 염려스러운 표정을 지었다.

"할아버지! 할아버지 말씀이 맞았어요! 연지가 피아노 반주를 해 줄 것 같아요."

할아버지의 얼굴에 흐뭇한 미소가 떠올랐다.

"그것 봐라. 네가 먼저 마음의 문을 열고 귀를 기울이니까 연지도 문을 열어 주잖니?"

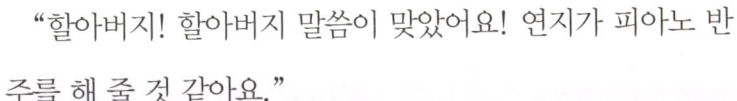

어른들의 비밀

사오정 선생님이 교실에 들어오자마자 연지를 찾았다.

"연지야, 일어나 봐. 자, 여러분! 연지가 우리 합창단 반주를 하기로 했다. 연지 어머니께서 허락해 주셨어. 모두 연지한테 격려의 박수를 보내자!"

아이들이 힘차게 박수를 쳤다. 현이도 손바닥이 얼얼해지도록 박수를 쳤다.

'정말 다행이야! 우리 잘해 보자.'

현이가 기쁜 표정을 감추지 못하고 연지를 바라보았다. 눈이 마주치자 연지가 생긋 웃었다.

선생님이 말했다.

"오늘 수업 끝나고 은미하고 현이, 연지는 남도록 해라. 장

윤희 선생님이 반주 연습하는 것을 도와주실 거야."

현이는 은미를 힐끗 보았다. 은미는 샐쭉한 표정으로 입을 삐죽거렸다.

"오늘은 〈소리는 새콤 글은 달콤〉을 한번 맞춰 볼 거야. 자, 악보를 한 장씩 줄 테니까 돌아가면서 반주를 해 보자."

장윤희 선생님이 악보를 나눠 주고는 현이를 보며 말했다.

"자, 우선 현이부터 해 볼까?"

현이는 악보를 보면서 바이올린을 연주했다. 노래 가사와 잘 어울리는 경쾌한 멜로디였다.

소리는 새콤 글은 달콤

세상을 아름답게 꾸며 주는 소리는 무얼까
정다운 소리를 찾아서 글 나라로 여행 가자
또닥또닥 할머니의 다듬이 소리
칙칙폭폭 추억 속의 기차 소리
비 개인 숲 속에 산새 소리 쪼로롱
뻐꾹새 뻐꾹뻐꾹 노래한다

소리는 새콤새콤 새콤하게
글은 달콤 달콤하게
소리 찾아 떠나는 글 나라 여행
새콤 달콤 새콤 달콤

"좋아! 그 다음 은미."

은미는 현이가 먼저 연주한 것에 기분이 상했는지 차가운 표정으로 활을 쥐었다. 은미의 연주는 매끄럽지 못했고, 악보하고 다르게 연주한 부분도 몇 군데 있었다.

"바이올린을 두 사람이 하니까 한 사람은 멜로디를 하고 다른 사람은 반주를 맞추도록 하자. 선생님이 보기엔 현이가 멜로디를 하고, 은미는 현이의 멜로디를 맞춰 주는 게 어떨까 싶은데. 그러니까 현이가 제1 바이올린이고, 은미가 제2 바이올린인 거야. 알았지?"

장윤희 선생님은 그렇게 정해 준 다음 연지에게 피아노 연주를 시켰다. 연지는 악보를 보면서 정확하게 잘 쳤다.

"자, 그럼 같이 한번 맞춰 볼까?"

그때 장윤희 선생님네 반 아이가 심부름을 왔다.

"선생님, 교무실에 누가 선생님을 찾아왔어요."

"그래? 잠깐 다녀올 테니까, 너희끼리 연습하고 있어라."

장윤희 선생님이 나가자, 순식간에 공기가 싸늘해졌다. 갑자기 은미가 눈을 치켜뜨면서 물었다.

"야, 너 아빠 없다며?"

"뭐?"

현이는 갑자기 눈앞이 하얘지는 느낌이었다.

"어쩐지! 아빠 없이 자라면 버릇이 없다고 그러잖아. 니가 싸가지 없는 이유를 알겠다. 연지네 집엔 왜 찾아갔니? 연지 엄마가 귀찮아서 혼났대."

은미는 약을 올리듯이 빙글빙글 웃으면서 말했다. 현이는 얼굴이 하얗게 질렸다. 가슴도 벌렁벌렁 뛰었다. 어떻게 해야 할지, 무슨 말을 해야 할지 아무 생각도 나지 않았다.

"애들도 다 너 싫어해! 바이올린 좀 한다고 건방 떨고 여기저기 설치고 다니니까."

현이가 아무 말도 못하자 은미는 더욱더 기세등등하게 말했다.

"식우가 왜 피아노 반주 그만둔 줄 알아? 너랑 같이 하기 싫어서야. 연지 엄마도 연지가 너랑 같이 반주하는 것 무지 싫어하셔. 연지는 나 때문에 반주하는 거야. 너 때문이 아니라고. 착각 좀 그만 하시지!"

현이는 아무 말도 하지 않았다. 목이 메어 한마디도 할 수 없었다.

'울면 안 돼! 지는 거야.'

은미의 말이 진짜인지 아닌지는 모르겠지만, 일단 참기로 했다. 현이는 말없이 바이올린을 케이스에 넣고 음악실에서 나왔다.

"손은미란 아이 엄마한테 전화가 왔더라. 당장 반주 그만 둬. 현아, 넌 자존심도 없니?"

엄마가 떨리는 음성으로 말했다. 은미 엄마가 엄마한테 무슨 말을 했을지 짐작이 갔다. 학교에서 은미가 했던 말을 그대로 들려주었겠지.

"도대체 어떻게 하고 다닌 거야? 애들이 다 너를 싫어한다면서? 바이올린 한다고 잘난 척하고 애들을 막 무시한다던데? 아빠 없이 자란 티가 난다는 말을 꼭 들어야겠니?"

엄마는 눈에 눈물이 가득 고인 채 소리를 질렀다. 현이는 엄마가 웬만한 일에는 울지 않는다는 것을 알기 때문에 몹시 당황스러웠다.

"엄마, 울지 마세요! 바이올린 반주 안 할게요."

그 말을 하는 현이 눈에서도 눈물이 뚝 뚝 떨어졌다. 그저 바이올린이 좋아서, 아빠가 만들어 준 바이올린이 너무 좋아서 아이들과 함께하고 싶었을 뿐인데……. 그저 바이올린을 잘 연주해서 합창하는 친구들과 함께 즐거움을 나누고 싶었던 건데…….

"현아, 바이올린 연주하는 것 포기하지 마라."

어느새 할아버지가 거실에 나와 있었다.

"아버님, 무슨 말씀이세요? 현이가 바이올린 때문에 애들한테 왕따를 당한대요. 잘난 척한다고 다들 싫어한대요."

"어멈아, 너는 네 자식을 그렇게도 모르냐? 누가 그런 말을 했는지 모르지만, 난 믿지 않는다."

"아버님은 너무 현이한테 오냐오냐 하세요. 그래서 현이가 버릇이 나빠지는 거예요. 아빠 없이 자란 티가 난다는 말이나 듣고…….''

엄마는 마침내 참고 참았던 눈물을 왈칵 쏟아내고 말았다. 억울하고 시리운 마음을 감출 수가 없다는 듯 어깨를 들썩이며 흐느껴 울었다.

"어멈아, 우리 현이는 절대 그럴 애가 아니라고 난 분명히 믿는다. 아빠 없이 자란 티가 난다니, 누가 그런 말도 안 되는 소리를……. 이 할아비랑 엄마가 곁에서 이렇게 잘 지켜주고 있는데…….”

할아버지도 마음이 아픈지 더 이상 말을 잇지 못했다. 엄마는 눈물을 추스르며 말했다.

"아무튼 현이가 이번에 바이올린 반주하는 것은 그만두게 할 거예요.”

"그건 안 된다. 우리 현이가 얼마나 그 일을 좋아하고 기대했는데……. 현이 실망하는 거 난 못 본다.”

"아버님, 왜 그렇게 고집을 부리세요? 현이 아범 살아 있을 적엔 음악 한다고 그렇게 미워하시더니, 왜 현이한테는 음악을 하라고 하시는 건지 모르겠어요.”

엄마가 목소리를 높이자 할아버지는 고통스러운 신음 소리를 냈다.

"그래서 내가 가슴에 한이 맺혔다는 걸 모르겠니? 자식이 그토록 원했던 일을 격려해 주지 못했던 것이 가슴에 대못으로 박혀 있어서 그래. 아무리 후회를 해도 죽은 자식은 돌아오지 않아. 내 자식한테 하나뿐인 피붙이, 우리 현이만큼은 좋아하고 원하는 걸 하라고 격려해 주고, 밀어 주고 싶은 마

음이 고작 늙은이 고집이란 말이냐?"

할아버지도 눈시울에 눈물이 맺혔다.

"현이 아범은 현이 아범이고, 현이는 현이에요. 아버님, 제발 그냥 내버려 두세요!"

"그럴 수는 없다. 난 내 피붙이가 불행해지는 건 두 번 다시 못 본다!"

할아버지와 엄마가 눈물을 흘리며 다투는 모습을 더 이상 볼 수가 없었다. 현이는 울며 방으로 뛰어 들어왔다.

'다 나 때문이야. 나 때문에 할아버지랑 엄마가 싸우고 있어. 할아버지랑 엄마가 나 때문에 울고 계셔!'

현이는 바이올린을 꺼내 가슴에 품고 흐느꼈다.

"아빠, 나 때문에 엄마랑 할아버지가 싸워요. 아빠, 보고 싶어요!"

진실의 소리

"재범아, 같이 가자!"

"어? 이현, 너 반주 연습 안 하고 가?"

재범이가 의아해하며 물었다.

"나 반주 안 해."

"그게 무슨 말이야?"

뒤에서 석우가 물었다. 현이는 못 들은 척했다.

현이와 재범이는 집 근처에서 헤어졌다. 집으로 오는 내내 재범이가 몇 번이나 무슨 일이냐고 물었다. 현이는 그냥 하기 싫어졌다고 대답하고는 도망치듯 돌아왔다.

집에는 아무도 없었다.

'이상하다? 할아버지는 이때쯤에는 항상 집에 계시는데.'

현이는 소파에 멍하니 앉아 있다가 까무룩 잠이 들었다.

"딩동딩동."

요란한 초인종 소리에 잠이 깼다. 문을 열어 보니 할아버지였다. 할아버지의 눈은 발갛고 조금 부어 보였다. 현이는 가슴이 덜컥 내려앉았다.

"할아버지 어디 다녀오세요? 무슨 일 있었어요? 할아버지 눈이 빨개요."

"별일 아니다. 슬픈 영화를 보고 좀 운 것뿐이야."

할아버지는 그렇게 말하면서 현이를 품에 꼭 안았다.

"혼자서 영화를 보러 가셨어요?"

"그랬지……. 현아, 할아버지가 세상에서 누구를 가장 사랑하는지 아니?"

"……."

"누구긴 누구야, 바로 우리 현이지. 다 잘 될 거다. 아무 걱정하지 마라."

"전 괜찮아요, 할아버지. 저 때문에 괜히……."

할아버지는 몹시 피곤한 기색으로 방으로 들어갔다. 그날 저녁 엄마와 할아버지는 서로 모르는 척했다. 다음 날 아침에도 아무 말도 하지 않고 시선을 피했다.

다음 날, 점심시간이 거의 끝나 갈 때였다. 사오정 선생님이 현이를 교무실로 불렀다.

"현아, 어제 할아버지가 다녀가셨어."

"예? 우리 할아버지가요?"

'할아버지는 슬픈 영화를 보고 왔다고 하셨는데……'

선생님은 가만히 현이의 손을 잡았다.

"진작 어머니께 전화를 드려야 했는데 선생님이 너무 무심했구나. 그동안 어머니랑 현이가 마음 고생한 것을 전혀 몰랐어."

현이는 어안이 벙벙했다. 할아버지가 무슨 이야기를 하신 걸까?

"현아, 참 미안하다. 네가 워낙 입이 무거워서 선생님은 아무것도 몰랐지."

"네?"

현이는 그저 어리둥절하기만 했다.

"넌 합창단에서 빠지면 안 돼. 네 바이올린 실력이 좋아서만은 아니야. 석우하고 재범이도 네가 빠지면 안 된다고 하더라. 연지도 네가 부탁을 해서 피아노 반주를 하게 됐다고 하고. 뜻밖에도 네가 합창단에서 눈부신 활약을 했더구나."

선생님의 난데없는 칭찬에 현이는 어쩔 줄 몰라 했다.

"그동안 선생님이 너희들한테 너무 잘못한 것 같구나. 교실에서 무슨 일이 일어나는지도 모르고 있었으니……."

현이는 눈시울이 뜨거워졌다. 그렇지만 곧 현이가 다시 한다고 하면 펄펄 뛰며 화를 낼 은미의 얼굴이 떠올랐다.

"그렇지만…… ."

"이제 시간이 별로 없어. 장윤희 선생님도 바빠서 더 이상 봐 주기 힘드시고. 현아, 선생님이랑 힘을 합쳐서 잘해 보자, 어때?"

"생각해 볼게요"

교무실에서 나오자 석우가 기다리고 있었다. 현이는 선생님한테 들은 말을 떠올렸다. 내가 빠지면 안 된다고 말해 준 석우……. 현이는 어쩐지 처음부터 석우가 좋았다. 자기 마음을 분명하게 표현하지 못하기는 해도 좋은 친구라는 것은 느낄 수 있었다.

"현아, 너한테 할 얘기가 있어."

"무슨 얘기?"

둘은 학교 운동장 한구석에 놓인 벤치에 앉았다. 석우는 한참을 망설이다 천천히 입을 열었다.

"너……, 너도 다른 애들처럼 내가 은미한테 쩔쩔매는 못난이라고 생각하지?"

현이는 당황해서 아무 말도 못했다.

"나, 너한테 처음으로 말하는 거야. 우리 엄마가 아무한테도 말하지 말라고 했지만, 왠지 너한테는 털어놓고 싶어. 사실은 말이야……."

석우는 말을 잇지 못하고 잠시 동안 가만히 있었다.

"석우야, 말하기 어려운 얘기면 하지 않아도 돼."

"아니야, 말해야겠어. 가슴이 답답해서 미칠 것 같아. 실은 우리 아빠랑 은미 아빠는 같은 회사에 다니셔. 은미 아빠가 상무님이고 우리 아빠는 부장이야. 그래서 엄마는 항상 은미한테 잘해 주라고 하셔. 은미랑 내가 사이가 나쁘면 아빠가 곤란해진다면서……."

"……참느라 많이 힘들었겠다."

"그래, 애들이 모두 나를 비웃어도 참아야 했어. 은미는 널 무척 싫어해. 걔는 뭐든지 자기가 1등을 해야 직성이 풀리는 애거든. 은미 엄마도 은미가 뭐든지 최고가 되어야 한다고 생각하셔. 그래서 우리 엄마한테 나랑 너랑 놀지 못하게 하라고 시킨 거고."

그제야 비겁하게 보였던 석우의 행동이 이해되었다.

"그렇지만 난 너를 싫어할 수가 없었어. 내가 그런 모습을 보이는데도 네가 진심으로 나를 위해 준다고 느낀 게 한두 번이 아니었으니까. 넌 날 비웃은 적이 한 번도 없잖아."

"이해해. 내가 너라도 그렇게 했을 거야."

그러자 석우가 갑자기 크게 외쳤다.

"만세! 아, 이제 속이 시원하다! 그동안 얼마나 입이 근질근질했는지 알아?"

"석우야, 우리 은미 앞에서는 친하게 보이지 말자."

"정말? 그래도 돼? 나 참 비겁하지……."

"아냐, 너희 아빠를 위한 일이잖아. 아빠가 살아 계신 건 참 좋은 거야."

석우의 표정이 묘해졌다. 현이 아빠가 돌아가신 것을 아는 듯했다.

"우리 아빠는 일찍 돌아가셨어. 돌아가시기 전에 나한테 세상에서 하나밖에 없는 아주 귀한 바이올린을 만들어 주셨지. 지금 내가 쓰는 바이올린이 그거야. 아빤 음악을 무척 사랑하셨거든. 그래서 내가 바이올린을 좋아하는 거고."

"넌 바이올린을 참 잘 켜. 은미보다 훨씬 더."

현이는 마음이 뿌듯했다. 석우와 몰래 친한 것도 좋다는 생각이 들었다.

어제가 지옥이었다면, 오늘은 천국에 온 듯 세상이 환해진 느낌이었다. 마음의 짐을 내려놓은 듯 편안한 기분으로 침대에 누워 있으니 잠이 쏟아지는 것 같았다. 그때 초인종 소리가 들렸다. 엄마가 퇴근할 시간이었다.

'아, 맞다! 엄마랑 할아버지가 아직 화해를 하지 않았지!'

마음이 다시 무거워지려고 했다. 그런데 거실에서 엄마의 울먹이는 듯한 목소리가 들렸다.

"아버님, 죄송해요!"

"어멈아, 뭐 하는 거냐? 왜 무릎을 꿇고 그래?"

할아버지가 당황한 목소리로 말했다.

"현이 앞에서 제가 아버님께 대들고……. 아버님, 정말 죄송합니다."

"아니다, 어멈아, 괜찮아. 네가 일찍 홀몸이 되어서 가장 노릇하느라 밖에서 얼마나 힘든지 나도 다 안다."

"오늘 현이 담임선생님께서 전화를 하셨어요. 아버님 말씀이 옳았어요. 제가 어리석게도 제 아들을 못 믿었던 거예요.

게다가 아버님 가슴을 너무나 아프게 하는 말까지 했어요."

잠시 동안 아무 소리도 들리지 않았다. 현이는 살그머니 일어나 문에다 귀를 바짝 대었다.

"가족이 함께 살다 보면 가슴 아픈 말을 하기도 하고, 실수를 할 때도 있는 거지. 그래도 가족이라는 건 변함없는 사실 아니겠니? 현이 아범한테 못 다한 사랑과 이해를 내가 살아 있는 동안 우리 현이하고 어멈한테 아낌없이 주고 싶구나."

"아버님, 정말 죄송하고, 감사해요."

여럿이 함께 하려면

"쳇! 자존심도 없나 봐."

현이가 음악실로 들어가자 은미는 코웃음을 쳤다. 이윽고 장윤희 선생님과 사오정 선생님이 들어왔다. 그러자 언제 코웃음을 쳤냐는 듯, 은미는 완전히 다른 얼굴로 상냥하게 인사를 했다.

"선생님, 안녕하세요?"

"그래, 다들 모였구나. 시작해 볼까?"

장윤희 선생님이 지휘봉을 휘두르자, 사오정 선생님은 수첩을 들고 옆에서 진지하게 지켜보았다. 현이와 은미가 전주 부분을 먼저 연주하다가, 전주 부분이 끝나면서 연지도 피아노를 치기 시작했다.

장윤희 선생님이 날카롭게 지적했다.

"잠깐! 은미야, 박자가 좀 빠르다. 피아노 소리에 귀를 기울이고, 현이 바이올린 소리도 같이 들으면서 해야지."

은미는 금방 샐쭉한 표정을 지었다.

"자기 소리만 신경 쓰지 말고 서로를 맞춰 주는 기분으로 해야 돼. 상대를 생각하라고."

장윤희 선생님이 엄하게 말했다.

"다시 한 번!"

이번에는 은미도 피아노 소리와 현이의 소리에 귀를 기울이면서 박자를 맞추려고 노력했다. 세 사람의 호흡이 어느 정도 맞아 가자, 듣고 있던 사오정 선생님이 박수를 치며 칭찬했다. 그러고는 이렇게 말했다.

"두 곡의 분위기가 아주 다르니까 가사를 음미하면서 느낌에 맞는 소리를 내도록 해야 돼. 그리고 주 멜로디를 맡은 현이는 소리를 좀 더 크게 내는 게 좋을 것 같다."

세 사람은 연습을 반복했다. 몇 번 하고 나니, 박자와 음의 높낮이가 제법 잘 맞아떨어졌다.

"내일부터는 합창이랑 같이 하자. 수고했어, 세 사람."

음악실을 나오면서 은미는 연지의 팔을 거칠게 잡아끌었

다. 억지로 끌려가는 연지는 현이에게 뭔가 할 말이 있다는 표정이었다.

"자, 시간이 없어. 이제부터는 틈나는 대로 합창 연습을 해야 될 거야!"

사오정 선생님이 지휘봉을 들고 나섰다. 아이들은 아침 자습 시간에도 노래를 부르고, 점심시간이나 종례 시간에도 합창 연습을 했다.

지휘봉을 휘두르는 사오정 선생님의 모습은 오케스트라 지휘자만큼이나 진지하고 심각했다. 갑자기 눈을 부릅떴다가, 이내 눈을 스르르 감았다 하며 지휘에 몰두했다. 얼굴 표정이 어찌나 변화무쌍한지 아이들의 시선은 지휘봉이 아니라 선생님의 얼굴로 향하곤 했다.

"소프라노는 되는데 알토가 뭔가 좀 이상해! 알토만 따로 연습해 보자."

사오정 선생님이 지적을 했다. 알토를 맡은 아이들이 "에이!" 하면서 다시 노래를 부르는데, 어디선가 이상한 소리가 들렸다. 너무 낮고 음산한 목소리였다.

"그만! 누구야? 누가 영감 가래 끓는 소리를 내고 있어?"

아이들이 까르르 웃었다. 동시에 욱이의 얼굴이 빨갛게 달아올랐다. 욱이는 노래하기가 죽기보다 싫었지만, 오로지 놀이동산을 생각하며 꾹 참고 연습을 하는 참이었다.

"공욱! 너냐? 너, 안 되겠다. 장윤희 선생님한테 가서 특별지도 좀 받고 와."

이번에는 소프라노 파트에서 유난히 큰 목소리가 들렸다. 고음을 내는 부분에서 누군가 너무 소리를 크게 낸 것이었다.

"누구야? 혼자만 목소리를 크게 내면 어떡해?"

노래를 잘하기로 소문난 민영이가 혀를 쏙 내밀었다.

선생님이 말했다.

"합창은 노래 잘하는 한 사람의 소리가 너무 튀면 안 되는 거야. 내 목소리만 크게 하지 말고 다른 사람의 소리도 들어가면서 서로 맞춰 주는 느낌으로 해 보자."

현이는 마음속으로 중얼거렸다.

'맞아! 서로 귀를 기울여야 좋은 소리를 만들 수 있어. 합창은 누구 하나만 잘하면 되는 게 아니라 다 같이 어울려야 하는 거야.'

교실에서 연습을 할 때는 피아노가 없기 때문에 바이올린이 틀린 부분의 음을 잡아 주는 역할을 했다.

"'산새 소리 쪼로롱'하는 부분이 틀렸어. 자, 현아!"

사오정 선생님은 틀린 부분의 음을 잡아 주는 역할을 현이에게 맡겼다. 현이가 틀린 부분을 정확한 멜로디로 들려주면, 아이들은 그 음을 따라 다시 불렀다.

그럴 때마다 은미는 뱀눈으로 현이를 노려보며 거친 숨을 내쉬었다. 그러다 선생님과 눈이 마주치기라도 하면 표정이 싹 달라졌다. 방실방실 웃으며 완전히 다른 사람이 되었다.

'은미가 변검을 하는구나.'

현이는 언젠가 할아버지와 집에서 본 〈변검〉이라는 영화를 떠올렸다. 중국 영화였는데, 주인공이 이마에서 턱으로 두 손을 한 번씩 쓸어내릴 때마다 신기하게도 얼굴에 쓴 가면이 바뀌었다. 중국에서 전통적으로 내려오는 그 재주를 '변검'이라고 했다.

음악실에서 합창 연습을 할 때 연지의 피아노 반주는 틀리는 일이 거의 없었다. 게다가 아이들의 화음이 틀려서 여러 번 반복을 해야 하는데도 연지는 항상 정성을 다해 연주했다.

연지가 짜증 한번 내지 않고 초롱초롱한 눈으로 즐겁게 피아노를 치자, 선생님은 몹시 놀라는 눈치였다.

"정연지, 다시 봐야겠는걸? 정말 너그럽고 참을성이 많구

나! 피아노 실력만 뛰어난 게 아니야. 공연할 때 부모님이 꼭 보러 오시면 좋겠다."

선생님이 칭찬을 하자 아이들도 거들었다.

"정연지, 진짜 다시 봤어!"

"맞아, 은미만 졸졸 따라다녀서 바보 같다고 생각했는데."

"피아노도 잘 치고 참 착해."

아이들도 같이 칭찬을 하자 연지는 볼이 발그스름해졌다. 옆에 있던 은미는 선생님과 아이들 앞에서는 활짝 웃었다. 하지만 고개를 벽으로 돌리는 순간 눈살을 찌푸리며 아랫입술을 꽉 깨물었다. 은미가 또 변검을 하지 않을까 유심히 지켜보던 현이의 눈에 그 표정이 딱 걸렸다.

'합창단을 위해서 은미가 아무리 거슬려도 견딜 거야. 그래서 사막의 끝까지 가는 낙타가 될 거야.'

잠깐 쉬는 시간이었다. 화장실에서 나오던 현이는 은미가 연지의 팔을 거칠게 끌고 가는 모습을 보았다. 연지가 "아파, 아파!" 하는데도 아랑곳하지 않고 씩씩거리며 끌고 갔다.

'왜 저러지?'

비밀 친구 도우미는 이미 끝났지만 현이는 저도 모르게 뒤를 따라가고 있었다. 은미는 아무도 없는 과학실로 연지를 끌고 들어간 뒤 문을 쾅 닫았다. 현이는 살금살금 다가가서 문에 귀를 바짝 댔다.

"너, 왜 내가 시키는 대로 안 해? 이현이 바이올린 하면 피아노 반주하지 않겠다고 선생님한테 말하라고 했지?"

"모, 못해."

"왜 못해? 그럼 나, 다시는 너하고 안 놀아 준다? 아니, 너를 영원히 미워하고 친구의 인연도 끊을 거야!"

"은미야, 그러지 마!"

연지가 훌쩍훌쩍 우는 소리가 들렸다.

"내일까지 시간을 줄테니까. 얼른 선생님한테 가서, 이현이 너무 싫어서 같이 합주하지 않겠다고 해!"

현이는 온몸에 소름이 끼치는 듯했다. 그때였다. 별안간 과학실 문이 확 열리고 은미가 나타났다. 현이가 미처 도망갈 새도 없었다.

"야, 너 지금 뭐 하는 거야? 비겁하게 뒤에서 엿듣고 있었어?"

은미는 새파랗게 질린 얼굴로 화를 냈다. 바로 뒤에 서 있던 연지는 현이를 보고 반가운 표정을 지었다가 이내 겁먹은 표정이 되었다.

"그래, 난 비겁한 행동을 했어. 그러는 넌? 아무도 모르게 연지를 협박하는 건 당당한 거야?"

현이가 당당하게 받아치자, 은미는 당황해서 눈을 깜박깜박하며 말을 못했다. 그러나 그것도 잠시뿐이었다.

"바이올린을 꼭 두 사람이 할 필요 있어? 난 너랑 같이하기 싫어. 그러니까 네가 빠져."

"다른 건 다 참을 수 있어. 그렇지만 바이올린은 양보 못해. 난 꼭 할 거야!"

"그래? 반드시, 꼭, 기필코 해야 돼?"

은미는 이를 악물면서 고집스럽게 물었다.

"그래, 난 바이올린을 꼭 할 거야. 그건 선생님과 다른 애들하고 한 약속이야."

은미는 눈을 가늘게 뜨고 현이를 노려보았다. 현이도 피하지 않고 은미를 보았다.

"내가 왜 그렇게 싫은데?"

현이가 물었다.

"넌 처음부터 튀었으니까! 아주 재수 없다고. 왜 제1 바이올린을 네가 하는 거야? 내가 너보다 훨씬 잘하는데, 어째서 내가 제2 바이올린을 해야 되냐고!"

어린이를 위한 경청 167

은미는 온몸을 부들부들 떨면서 속마음을 드러냈다. 현이는 마음이 어지러웠다. 순식간에 여러 가지 생각이 몰려와 무척이나 혼란스러웠다. 그때 석우가 들려준 말이 떠올랐다.

'은미는 뭐든지 1등을 해야 한다고 생각해. 은미 엄마도 그렇게 생각하셔.'

선생님의 말도 생각났다.

'합창은 한 사람의 소리가 너무 튀어선 안 되는 거야. 다 함께 서로 맞춰 주는 느낌으로 해야 돼.'

현이는 분한 생각이 들었지만 사막을 끝까지 간 통타를 떠올렸다. 통타는 다른 낙타들의 말을 귀담아듣고 준비를 잘했을 뿐만 아니라 아무리 힘들어도 포기하지 않았다.

'합창은 서로 다 같이 잘 돼야 하는 거야. 함께 서로 맞춰 주는 거야.'

현이는 마른침을 한 번 삼킨 후 말했다.

"그럼 네가 제1 바이올린을 해. 내가 제2 바이올린을 하면 되잖아."

"정말? 지금 농담하는 거 아니지?"

"정말이야. 왜냐하면 나는 너하고 생각이 다르니까. 나한테는 다 함께 합창을 잘하는 게 더 중요해. 그러니까 꼭 내가

제1 바이올린이 아니어도 괜찮아."

은미와 연지의 눈이 동시에 휘둥그레졌다.

"됐지? 선생님께는 내가 말씀드릴게. 내일부터는 네가 제1 바이올린을 맡아."

은미가 뭐라고 대답을 하기도 전에 현이는 얼른 돌아섰다.

무대에 서다

은미와 연지 앞에서는 아무렇지 않게 말했지만 현이의 속마음은 그렇지 못했다.

현이는 집으로 돌아오자마자 비발디의 바이올린 협주곡인 〈사계〉의 '겨울' 부분을 연주했다. 계절은 초여름인데, 마음은 무성한 잎사귀와 탐스러운 열매를 다 내어 주고 벌거벗은 겨울나무가 된 것 같았다.

"현아, 저녁 먹어야지."

어느새 할아버지가 들어와 현이의 어깨에 다정하게 손을 얹었다.

"아까부터 기다렸단다. 네가 연주에 열중해 있는 것 같아서."

현이는 망설이다가 할아버지한테 학교에서 있었던 이야기를 꺼냈다. 이야기를 다 들은 할아버지는 자랑스럽다는 듯 현이의 등을 툭툭 쳐 주며 말했다.

"우리 현이가 정말 큰 것을 양보했구나! 은미가 속으로 많이 놀랐겠다. 그래, 잘했다. 연지도 이제 시달리지 않을 거고, 합창 연습도 더 잘 되겠어."

할아버지의 말을 들으니 쓰리던 마음이 언제 아팠냐는 듯 금방 아무는 듯했다. 현이는 할아버지의 손을 잡았다. 할아버지의 든든한 손을 통해 현이의 마음을 따스하게 만드는 기운이 흘러 들어오는 느낌이었다.

학교 운동장 화단에 사이좋게 피어 있는 노란 장미와 붉은 장미가 오늘따라 더욱 화사해 보였다.

"뭔가 수상하지 않냐? 은미 엄마가 사오정 선생님하고 친하다던데……."

재범이의 말에 현이는 화들짝 놀랐다.

"아냐, 절대로. 내가 그냥 은미한테 양보한 거야."

"네가 양보했어? 정말로?"

재범이는 황당하다는 듯이 물었다.

"응, 정말이야."

재범이는 현이의 등을 한 대 툭 때렸다.

"이 바보야! 바이올린은 네가 훨씬 잘 켜잖아!"

"현아, 설마 너까지 은미한테……."

석우가 걱정스러운 목소리로 말을 하다가 재범이의 눈치를 보며 입을 닫았다.

"가자, 빨리 합창 연습 해야지. 내일 모레가 공연이잖아."

현이는 일부러 씩씩하게 말했다.

사오정 선생님과 반 아이들 모두 바짝 긴장을 했다. 이제야 실감이 났다. 아무도 꾀를 부리지 않고 연습에 임했다. 은미는 제1 바이올린을 맡고나서부터 태도가 확 달라져서, 누가 봐도 진심으로 열심히 하는 것을 알 수 있었다. 연지도 기분이 훨씬 좋아 보였다.

학예회 공연 바로 전날, 합창 연습이 끝나고 모두들 집에 가려던 참이었다. 사오정 선생님이 갑자기 "주목!" 하고 외쳤다. 가방을 싸던 아이들은 "합!" 하면서 입을 꾹 다물고 자리에 앉았다.

"내일 공연할 때, 우리 합창단을 소개해 줄 사회자가 필요해. 선생님 생각엔 현이가 해 주면 좋겠다. 현이가 이번에 은

미한테 제1 바이올린 자리도 양보했으니까. 현이한테 기회를 주고 싶은데, 여러분 생각은 어때?"

환하게 웃던 은미의 얼굴에 금세 싸늘한 기운이 감돌았다. 그러더니 손을 번쩍 들었다.

"은미는 다른 의견인가?"

"선생님, 석우가 회장이잖아요. 회장이 사회를 봐야 어울린다고 생각해요. 그리고 현이는 자신감이 없어서 저한테 양보를 한 거예요. 그런 애가 어떻게 그 많은 사람들 앞에서 사회를 봐요?"

오로지 연지만 현이가 왜 양보를 했는지 내막을 알고 있고 다른 사람들은 아무것도 모르는 상황이니, 은미의 말은 그럴듯하게 들렸다.

"현아, 아주 간단하게 하면 되는데, 어렵겠니?"

포근하게 바라보는 선생님의 눈과 현이의 눈이 마주쳤다.

"해 봐, 현아!"

재범이가 응원하듯 외쳤다.

"그래, 현아! 네가 해!"

석우도 큰 목소리로 거들었다. 석우의 목소리를 들은 은미의 눈이 날카롭게 빛났다.

"네, 해 볼게요."

"좋았어!"

현이는 가슴이 두근두근했다.

"할아버지, 엄마하고 같이 내일 공연에 꼭 오셔야 해요. 오실 거죠?"

"아암, 가고말고. 그런데 청심환은 왜 찾니?"

현이는 약 상자에서 청심환을 찾는 중이었다.

"선생님이 저한테 내일 무대에서 우리 합창단을 소개하라고 시키셨는데요. 너무 떨려서요."

할아버지는 껄껄 웃었다.

"그 어려운 바이올린도 연주하면서 우리나라 말하는 게 뭐가 어려워?"

"할아버지, 저는 차라리 혼자 바이올린을 연주하라고 하면 더 좋겠어요."

"청심환을 먹으면 온몸이 나른하고 졸릴 수도 있어. 그냥 해 보렴."

현이는 나른하고 졸릴 수 있다는 말에 덜컥 겁이 나 청심환을 먹지 않기로 했다. 그리고는 거울 앞에서 연습을 했다.

"안녕하세요. 우리 5학년 3반은 합창을 준비했습니다. 우리 합창단은 피아노와 바이올린이 합주로 반주를 하는 점이 특징입니다. 저희가 부를 곡은……."

구민 회관 강당은 무대에 오른 아이들의 열기와 구경하러 온 학부모들의 성원으로 뜨거웠다. 춤을 추는 아이들, 연극을 하는 아이들, 태권도를 하는 아이들 등 각자 준비한 장기를 펼치느라 무대 위는 바쁘게 돌아갔다.

"다음, 다음이 우리 반 차례야."

석우가 순서를 알려 주자, 아이들은 객석에서 일어나 무대 뒤로 갔다. 학급 전체가 다 같이 참여하는 반은 오직 현이네 반뿐이었다.

"나, 자꾸 오줌이 마려워."

연지가 울상을 지었다. 화장실을 다녀와서도 금세 오줌이 마렵다고 쩔쩔맸다.

"너, 피아노 반주 틀리면 큰일 나는 거 알지? 우리 반이 꼭 상을 받아야 해."

은미가 눈을 희번덕거리며 연지의 손등을 꼬집었다.

"아얏! 은미야, 나 무서워. 무대에서 오줌 싸면 어떡해!"

연지는 도망가듯이 뒷걸음을 쳤다.

"야, 너 미쳤어? 다 망치려고 그래?"

은미가 연지의 팔을 잡으려다 실수로 떠밀고 말았다. 그 바람에 연지가 앞으로 푹 고꾸라졌다.

"으아앙!"

연지는 놀라고 아파서 울음을 크게 터뜨렸다. 현이가 얼른 달려가서 연지를 일으켜 세웠다. 그러고는 가방 안에서 휴지를 꺼내 연지에게 주었다.

"현아, 나 반주 안 할래. 오줌 쌀 것 같아! 너무 떨리고 무서워."

현이는 호주머니에 들어 있던 파란 알약을 꺼내 연지에게 주었다.

"연지야, 이건 우리 할아버지가 주신 건데, 무대 위에 올라가서 떨리고 실수하는 것을 막아 주는 아주 특별하고 귀한 약이래. 너 먹어."

"너는?"

"응, 좀 전에 먹었어."

현이는 먹지 못했지만 거짓말을 했다.

"정말 이 약 먹으면 괜찮을까?"

"그럼! 우리 합창 공연 끝나면 놀이동산에 가고 깜짝파티도 해야 되잖아."

"맞다! 놀이동산 가고 깜짝파티도 한 댔지!"

연지는 약을 꿀꺽 삼켰다. 먹자마자 힘이 나는지 빙그레 미소를 지었다.

"갑자기 오줌이 쏙 들어갔다!"

사오정 선생님이 커튼 뒤에서 이 모습을 지켜보다가 빙긋 웃었다. 그러다가 공연 순서가 되었다는 사실을 깨닫고는 아이들을 재촉했다.

"빨리빨리 무대 위로!"

아이들은 일렬로 서서 무대 위로 나아갔다. 현이는 연지한테 신경을 쓰느라 자신이 합창단을 소개해야 한다는 사실도 깜박 잊고 말았다. 선생님이 눈을 꿈쩍꿈쩍하며 신호를 보내자, 그제야 깨닫고는 무대 중앙으로 나갔다.

"여러분, 안녕하세요? 저희 5학년 3반은······."

현이는 처음에는 조금 떨렸지만, 이내 집에서 연습할 때처럼 또박또박 소개를 했다. 참으로 신기했다. 마치 집에 있는 것처럼 무대가 편안하게 느껴졌다.

현이의 소개가 끝나자, 선생님이 칭찬의 의미가 담긴 윙크를 보냈다. 이윽고 지휘봉을 든 선생님과 현이가 자리를 바꾸고, 현이와 은미, 연지는 무대 한쪽에 자리를 잡고 서서 연주할 준비를 했다.

은미와 현이는 서로 눈짓을 주고받은 후 바이올린을 켜기 시작했다. 현이가 준 약을 먹고 자신감을 찾은 연지는 언제 울었냐는 듯 금세 피아노 반주에 빠져 들었다.

"낮에 놀다 두고 온 나뭇잎 배는……."

합창이 시작되었다. 모두들 몹시 긴장했지만, 그 어느 때보다도 눈은 초롱초롱 빛났다. 박자를 틀리거나 화음이 어긋나는 일 없이, 오히려 연습 때보다도 더 맑고 고운 소리가 강당을 가득 채웠다.

> 엄마 곁에 누워도 생각이 나요
> 살랑살랑 바람에 소곤거리는
> 갈잎 새를 혼자서 떠다니겠지

강당 안은 합창단의 노랫소리만 울려 퍼질 뿐 다른 소리는 전혀 들리지 않았다. 관객들 모두 합창단의 노랫소리에 흠뻑 빠져 든 듯했다. 노래가 끝나자 관객들은 기대 이상의 엄청난

반응을 보였다.

"우와! 너희 무대 체질이구나. 연습 때보다 훨씬 잘했어!"

사오정 선생님은 싱글벙글 웃으며 아이들 한 명 한 명에게 칭찬의 말을 아끼지 않았다.

"앗싸! 이제 놀이동산 가야지!"

재범이가 흥분해서 소리를 지르자, 다른 아이들도 "앗싸!" 하면서 호들갑을 떨었다.

"선생님, 오장수 선생님!"

연지 엄마가 두툼한 안경을 쓴 아저씨와 함께 와서 선생님을 불렀다. 안경을 쓴 아저씨는 연지 아빠인 모양이었다. 두 분은 선생님에게 몇 번씩 고개를 조아리면서 고맙다고 인사를 했다.

"정말 감사합니다. 우리 연지가 무대에서 피아노 치는 모습을 보니 정말……."

"사실은 무척 걱정을 했어요. 저렇게 의젓하게 잘할 걸 모르고 말입니다. 모두 선생님 덕분이에요."

연지 아빠는 안경을 벗고 눈물을 닦아 냈다. 연지 엄마도 눈물이 글썽한 눈으로 선생님 손을 잡고 고맙다는 말을 몇 번이나 되풀이했다.

현이는 연지 부모님이 자리를 떠나는 모습까지 지켜본 후 그제야 할아버지와 엄마를 찾기 시작했다. 할아버지와 엄마는 저만치서 손을 흔들며 활짝 웃고 있었다. 현이도 손을 흔들며 그쪽으로 달려갔다.

"할아버지, 할아버지가 주신 약 정말 효과가 좋아요! 연지가 오줌이 마렵다면서 막 떨었는데, 그 약을 먹고 금방 나았다니까요."

현이는 신이 나서 할아버지한테 자랑을 했다.

"허허허, 연지가 마음이 많이 아팠나 보구나. 그 약은 그냥 비타민이야."

"예? 비타민이라고요?"

엄마와 할아버지는 큰 소리로 기분 좋게 웃었다.

"학예회에서 우리 반이 인기상을 받았다!"

아침 자습 시간에 사오정 선생님이 이렇게 발표하자, 아이들이 "와아!" 함성을 질렀다.

"당연히 우리 합창단이 제일 인기가 많았겠지! 박수를 얼마나 많이 받았는데!"

재범이가 말하자, 아이들 모두 환한 얼굴로 고개를 끄덕였다. 선생님이 다시 말했다.

"자, 조용, 조용! 그런데 에, 정말 좋은 소식이 하나 더 있다. 우리 반이 교육청에서 여는 합창 대회에 학교 대표로 나가게 되었어. 교장선생님과 다른 선생님들 모두 우리 합창단의 실력을 인정해 주신 거야!"

"네?"

아이들은 놀이동산에 갈 일과 깜짝파티만 기대하고 있던 터라, 뜻밖의 소식에 좋아해야 할지 싫어해야 할지 갈피를 잡을 수가 없었다.

'한 번 더 무대에 설 수 있게 되었어!'

현이는 무척 기뻤다. 학예회가 끝나면 속이 시원할 것 같았는데 막상 끝나고 나니 시원한 마음보다는 섭섭함이 더 컸다. 그런데 또 교육청 대회에 나간다니 새로운 기대로 가슴이 벅차오르는 듯했다.

"언제 나가요?"

석우가 물었다.

"이 주일 후에."

선생님은 아주 흡족한 표정이다.

"그럼 놀이동산 가는 거랑 깜짝파티는 어떻게 되요?"

욱이가 물었다. 자나 깨나 놀이동산에 대한 희망으로 합창 연습을 버틴 욱이였다.

"그야 이번 주 토요일에 가야지! 깜짝파티는 교육청 합창 대회가 끝나면 다 같이 기차 타고 놀러 가서 하자. 선생님이 잘 아는 별장이 있으니까, 거기 가서 맛있는 바비큐랑 고구마도 구워 먹고."

욱이가 당장 흥분해서 "좋아요!" 하고 외쳤다. 기차, 별장, 바비큐란 말이 아이들의 마음을 움직였다. 모두들 잔뜩 들떠서 깜짝파티에 대한 이야기를 하느라 시끄러웠다.

그때 은미가 손을 들고 물었다.

"선생님, 놀이동산에 가는 것도 이번 주 토요일 말고 다음에 가면 안 돼요?"

"왜? 토요일에 무슨 일 있니?"

"교육청 합창 대회에 나가려면 연습을 많이 해야 되잖아요. 놀이동산에 가면 토요일은 연습을 못하니까요."

현이 역시 은미와 같은 생각이었다. 그래서 손을 번쩍 들었다.

"선생님, 은미 말이 맞아요. 놀이동산에는 나중에 마음 편하게 가는 게 더 좋을 것 같아요."

재범이와 석우도 "찬성이에요!" 하고 옆에서 거들자, 다른 아이들도 반대하지 않았다.

"그럼 이번 주 토요일에는 놀이동산에 가지 않고 합창 연습을 하는 거다!"

선생님은 감격했다. 아이들이 스스로 합창 연습을 하겠다니 기특하기 그지없었다.

"좋았어! 얘들아, 토요일에 선생님이 피자랑 콜라 사 준다! 인기상 받았으니 한턱내야지."

"우와!"

"신난다!"

아름다운 울림

"5학년 지정곡 중에 바이올린 독주가 들어가는 부분이 있는데 어떻게 하지?"

사오정 선생님이 지정곡 악보를 건네주면서 난처한 표정으로 말했다.

'독주라면 혼자 연주하는 거잖아!'

현이는 가슴이 두근거렸다. 아빠가 만들어 주신 바이올린으로 큰 무대에서 혼자 연주하는 것은 현이의 꿈이었다. 돌아가신 아빠를 위해서라도 이번 독주는 꼭 자신이 하고 싶었다.

"은미랑 현이 중에서 누가 독주를 할래? 저번엔 현이가 양보했지?"

사오정 선생님이 은미의 기색을 슬쩍 떠보았다. 그러자 은미의 속눈썹이 파르르 떨리더니 금세 눈에 눈물이 그렁그렁 고였다.

"선생님, 너무 섭섭해요! 만날 이현만 예뻐하시고."

은미는 어깨를 들썩이며 교실에서 뛰쳐나갔다. 연지와 현이는 동시에 멍해졌다. 사오정 선생님이 낮은 목소리로 혼잣말을 하듯 말했다.

"이거 참, 곤란하게 됐네……. 음악을 잘 모르는 내가 봐도 현이가 훨씬 바이올린을 잘 켜는데, 은미가 워낙 지기 싫어하는 성격이니 말이야. 경쟁심이 너무 강해서 은미 스스로도 무척 힘들 거야."

"선생님, 이번에는 저도 꼭 하고 싶어요."

선생님이 곤란한 건 알지만 현이도 이번만은 양보하고 싶지 않았다.

"그래, 어떻게 해야 할지 우리 같이 좋은 방법을 생각해 보자꾸나."

현이는 연지와 함께 교문을 나섰다. 이제는 아무도 연지를 바보라고 놀리거나 무시하지 않았다. 자신감이 생긴 연지는 예전의 연지가 아니었다.

"현아, 너 저번엔 나 때문에 양보했지? 이번엔 그러지 마."

연지가 또렷한 목소리로 말했다.

"응, 그럴 거야!"

현이도 진지하게 대답했다.

집으로 돌아온 현이는 벽에 걸려 있는 그림 속의 낙타 두 마리를 뚫어져라 쳐다보았다.

"통타야, 험난한 사막을 건너기 위해서 너는 혹에 지방을 가득 채웠잖아. 아빠가 말씀하신 인생의 사막을 건너가려면 내 혹에는 무엇을 채워야 할까?"

현이가 그림을 보면서 혼잣말을 하는데, 액자 위로 그림자가 스쳐 지나갔다. 돌아보니 할아버지가 딸기 접시를 들고 서 있었다.

"현아, 뭘 그렇게 혼자 중얼거려? 하고 싶은 얘기가 있으면 이 할아비랑 하지."

"아, 할아버지! 아빠가 인생이 사막이라고 하셨다면서요. 제가 그 사막을 건너가려면 제 혹에는 무엇을 채워 넣어야 해요? 갑자기 궁금해졌어요."

"음……, 사람들의 진정한 마음을 가득 담으면 되지 않을까?"

"사람의 마음을 어떻게 담아요?"

"먼저 자신의 마음을 비워야 다른 사람의 진정한 마음을 담을 자리가 생기겠지."

"그 다음에는요?"

"그 사람에 대한 나쁜 생각이나 오해하는 마음, 이기적인 욕심을 버리고, 상대방의 말에 진심으로 귀를 기울이는 거야. 그렇게 하면 그 사람 마음의 목소리까지도 들을 수 있게 되는 거지."

할아버지의 말은 쉽게 이해할 수 없었지만, 현이는 잘 기억해 두려고 노력했다.

"할아버지, 은미한테도 진정한 마음이 있을까요?"

"현아, 항상 1등을 원하는 사람은 그 1등을 빼앗길까 봐 늘 불안하고 쫓기는 기분이란다. 운동회에서 달리기 시합을 할 때 맨 앞에서 달리고 있으면서도 마음을 놓을 수 없는 기분 같은 거지. 너도 어떤 기분인지 알겠지? 은미도 늘 초조할 거야. 너처럼 음악을 사랑하는 마음을 가지고 바이올린을 하는 게 아니라면 행복하지도 않을 거고."

석우와 연지를 윽박지르던 은미의 모습이 떠올랐다.

'그래, 은미는 나처럼 바이올린을 좋아하는 게 아니야. 단지 나를 꺾고 싶을 뿐이지.'

그렇다면 은미한테 자신의 진정한 마음을 보여 주고 싶었다. 바이올린이 자신에게 얼마나 소중한 존재인지를. 현이는 책상에 앉아서 컴퓨터를 켰다. 그러고는 은미에게 메일을 쓰기 시작했다.

은미에게

은미야, 나 현이야.

난 네가 참 똑똑하고, 예쁘고, 재주가 많다고 생각해. 그런데 너는 나를 엄청 싫어하는 것 같아. 그래서 나도 네가 편하진 않았어.

난 어릴 때부터 음악을 좋아했어. 그건 아마 음악을 무척 사랑한 아빠 덕분일 거야. 우리 아빤 내가 초등학교에 입학하기 전에 돌아가셨어.

아빠는 희귀병에 걸려서 많이 아프셨는데도 나를 위해서 바이올린을 직접 만들어 주셨어. 내가 바이올린을 켤 때마다 나와 함께 있을 거라고 하시면서. 그래서 그런지

난 바이올린이 무척 좋아. 아무리 슬프거나 화가 나도 바이올린을 켜면 다 잊을 수가 있었어.

은미야, 실은 나한테 작은 꿈이 있어. 아빠가 만들어 주신 바이올린으로 많은 사람들 앞에서 연주를 하는 거야. 그래서 이번에 바이올린 독주를 꼭 내가 하고 싶은 거고.

그런데 네가 그렇게 속상해 하니까 내 마음이 편하지 않아. 그래서 이렇게 메일을 보내는 거야. 난 널 이기고 싶어서 독주를 하려는 게 아니야. 내가 세상에서 가장 좋아하는 바이올린으로 연주를 하고 싶을 뿐이라는 걸 알아 줬으면 해.

은미야, 너도 하고 싶은 말이 있으면 솔직하게 얘기해 주기 바란다. 그럼 기다릴게.

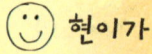 현이가

현이는 은미의 메일 주소를 찾아 이메일을 전송했다. 그런 다음 은미의 집으로 전화를 했다.

"여보세요."

손은미의 또랑또랑한 목소리가 들렸다.

"은미니? 나, 이현이야. 지금 너한테 메일 보냈어."

"그래서 어쩌라고?"

은미는 퉁명스럽게 대꾸했다.

"그냥 보라고. 그럼, 이만 끊을게."

현이는 무안해서 얼른 전화를 끊었다.

이 주일이 지났다. 드디어 교육청에서 주관하는 합창 대회가 열리는 날이었다.

사오정 선생님과 교감선생님이 무대 뒤에서 이야기를 나누었다.

"선생님, 고민하던 일은 어떻게 되었습니까? 바이올린 독주 부분 말이에요."

사오정 선생님은 흐뭇한 표정을 지으면서 대답했다.

"글쎄, 그게 말입니다. 잠시 후에 보십시오."

잠시 후에 현이네 반 합창단이 무대에 올랐다. 무대 뒤에서 지켜보던 교감선생님은 깜짝 놀랐다. 현이와 은미가 바이올린 독주 부분을 함께 연주하기 시작했던 것이다!

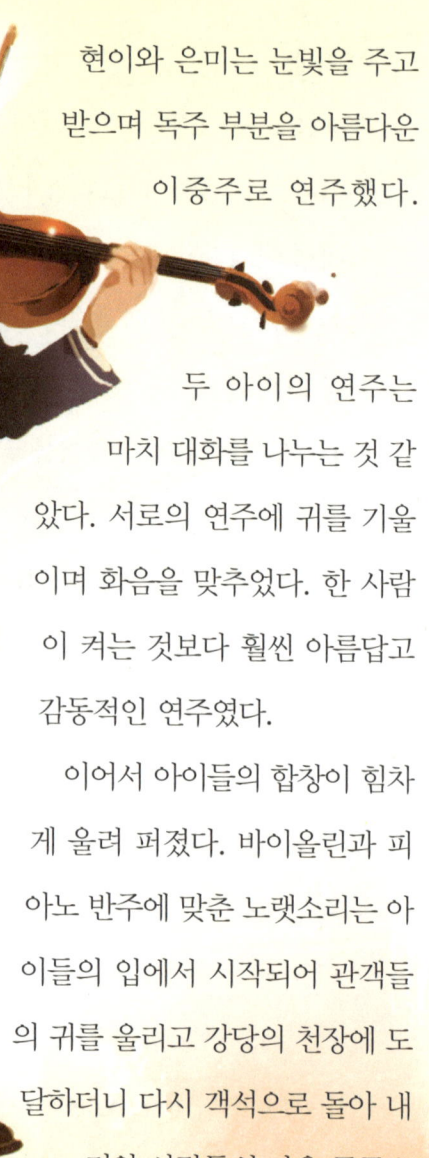

현이와 은미는 눈빛을 주고받으며 독주 부분을 아름다운 이중주로 연주했다.

두 아이의 연주는 마치 대화를 나누는 것 같았다. 서로의 연주에 귀를 기울이며 화음을 맞추었다. 한 사람이 켜는 것보다 훨씬 아름답고 감동적인 연주였다.

이어서 아이들의 합창이 힘차게 울려 퍼졌다. 바이올린과 피아노 반주에 맞춘 노랫소리는 아이들의 입에서 시작되어 관객들의 귀를 울리고 강당의 천장에 도달하더니 다시 객석으로 돌아 내려와 사람들의 마음 곳곳으로 강렬하게 퍼져 나갔다.

아이들은 노래를 통해 비로소 하나가 되었다. 무대 뒤에서 마음을 졸이던 사오정 선생님의 얼굴에도 따뜻한 미소가 피어올랐다.

어느덧 한 해가 흐르고, 졸업식 날이 되었다.

할아버지와 엄마는 카메라로 현이의 모습을 찍느라 정신이 없었다. 현이는 석우, 재범이와 함께 다정하게 어깨동무를 하고 사진을 찍었다.

"현아, 우리 연지랑 한 장 찍어야지!"

연지 엄마가 현이를 보고 정답게 손을 흔들었다. 연지도 수줍게 웃으며 다가왔다.

"김치나 치즈, 아무거나 말해 봐."

재범이가 사진을 찍는 시늉을 하며

익살스럽게 웃었다. 현이와 연지는 활짝 웃으며 함께 사진을 찍었다.

졸업식이 모두 끝나고 현이가 할아버지와 엄마를 따라 교문 밖으로 나설 때였다.

"이현!"

뒤돌아보니 놀랍게도 은미였다. 은미는 6학년으로 올라가 다른 반이 된 다음부터는 복도에서 현이를 마주쳐도 소 닭 보듯 모르는 척 지나치곤 했다.

"어! 은미야."

현이는 괜히 얼굴이 붉어졌다.

"자, 이거. 너 혼자만 봐."

은미는 잘 접은 하얀 종이를 현이에게 건네고는 도망치듯 돌아섰다. 현이는 너무 뜻밖이라 얼떨떨했다.

"뭐야, 뭐야?"

재범이와 석우가 다가와서 현이 손바닥에 있는 종이를 펴 보려고 덤벼들었다.

"아무것도 아냐!"

현이는 집으로 오자마자 방으로 들어가 은미가 준 하얀 종이를 펼쳐 보았다.

이현에게

 벌써 졸업이구나. 마음 한 구석이 무척 섭섭하네. 무엇보다 섭섭한 건 내가 애들한테 별로 잘하지 못했던 거야. 특히 너한테 말이야.

 현아, 5학년 때 너랑 많이 싸우기도 하고, 너한테 너무 심하게 굴었지. 나도 알아. 그때는 네가 바이올린을 나보다 잘 켜는 것도 싫었고, 그래서 애들이 너를 더 좋아하는 것 같아서 정말 싫었어.

 그런데 교육청 합창 대회에 나가게 되었을 때 네가 나한테 메일을 보냈잖아, 딱 한 번. 나, 네 메일 아직도 간직하고 있다. 네 진심을 알게 되었을 때, 처음으로 너한테 미안해졌어. 그리고 너 혼자 하지 않고 나랑 같이 이중주 해 줘서 정말 고마웠어. 그때는 말하지 못했지만.

 6학년 올라와 너랑 다른 반이 되고 나서도 네 생각이 가끔 났어. 아마 내 마음속에 너는 어느새 친구가 되어 있었나 봐. 중학교에 가서 혹시 길에서 만나면 서로 아는 척하자! 잘 지내.

은미가

은미의 목소리가 곁에서 들리는 듯했다. 여전히 또랑또랑하지만 처음으로 따스함을 담은 목소리가.

"똑똑똑."

노크 소리가 들렸다.

"들어오세요, 할아버지."

문이 열리고 들어온 사람은 뜻밖에도 엄마였다.

"우리 엄마가 웬일이세요? 노크를 다 하시고."

엄마는 쑥스러운 듯 살짝 눈을 흘겼다.

"이제 우리 아들이 초등학생이 아니잖아. 현아, 아빠가 너한테 남긴 초등학교 졸업 선물이 있어. 바로 이 일기장이야. 오랫동안 간직하고 있었는데, 이제야 주게 되네."

"네?"

현이는 엄마가 건네준 일기장을 조심스레 받았다.

"아빠는 너한테 꼭 들려주고 싶은 이야기를 일기로 다 적어 놓으셨어."

엄마의 목소리는 조금 떨리고 있었다.

"아빠는 마음의 귀를 잘 기울여서 다른 사람의 이야기를 들으면 그 사람의 마음을 얻게 된다고 말씀하셨지."

"저도 알아요. 아빠가 선물해 주신 낙타 그림이 바로 그 의

미잖아요."

　현이는 이제 아빠가 무슨 말씀을 하고 싶어 했는지 분명히 알 것 같았다. '자기 안에 사람의 마음을 채우면 사막 끝까지 갈 수 있다.'고 한 할아버지의 말씀도 조금 이해가 되었다.

　"엄마, 오늘은 참 기분이 좋은 날이에요. 마음의 선물을 두 개나 받았거든요. 참, 엄마! 그리고 노크해 주셔서 고마워요."

"그래? 그동안 엄마가 노크를 하지 않아서 무지 싫었나 보구나?"

현이는 겸연쩍은 표정으로 말했다.

"사실, 엄마는 너무 엄마 뜻대로만 하잖아요. 함부로 불쑥불쑥 들어오니까 어리다고 무시당하는 것 같았다고요."

엄마는 몹시 무안한 표정을 지었다.

"이제 보니 우리 현이가 정말 많이 컸네. 그래, 뭐. 앞으로는 엄마가 현이한테 어른 대접을 하도록 노력할게. 됐지?"

"아무래도 그게 좋을걸요."

현이와 엄마는 간만에 마음이 통했다는 듯 서로를 마주보며 행복한 미소를 지었다.

진심으로 친구의 말에 귀를 기울이면…

지은이 정 진

헬렌 켈러는 "친구들이 내 인생을 만들었다"고 말했어요. 헬렌 켈러의 '친구들'은 훌륭한 선생님을 비롯해 그녀의 재능을 일깨워준 사람들이 다 포함될 거예요. 그만큼 사람들과 '만나고 어울리는 일'이 소중하다는 것을 헬렌 켈러는 잘 알았지요.

이 책의 주인공인 현이도 '친구들'을 간절하게 원했습니다. 혼자서 바이올린을 켜기보다는 친구들과 어울려 함께 음악을 하면서 더 즐거운 마음을 느꼈지요. 음악으로는 자신을 마음껏 표현하면서, 정작 속마음을 사람들한테 표현하기 어렵고 힘들어하던 현이가 합창단을 하게 되면서 서서히 변했어요. 합창단이 잘 되기 위해 진심으로 노력하는 현이를 통해 가족들과 학교 선생님, 친구들까지 긍정적으로 변화하는 사건이 생깁니다. 나 혼자가 아니라, 더불어 행복해지는 경험은 현이와 '친구들'에게 큰 힘이 되지요.

'친구들'의 진정한 마음을 얻기 위해 '진심으로 상대의 말에 귀 기울이기'는 정말 중요하다는 것을 이 작품을 통해 독자들이 기억했으면 좋겠어요. 또한 지은이 역시 그렇게 살도록 더욱 노력해야겠다는 다짐을 해 봅니다. 그래서 '친구들이 내 인생을 아름답게 만들었다'고 말할 수 있도록, 또한 그 누군가에게도 그런 '친구들' 중의 한 사람이 되도록 말이지요.

이 글을 쓰는 동안 훌륭한 조언을 많이 해주신 박현찬 선생님과 아름다운 책으로 만들어 주신 위즈덤하우스 최수진 편집장님과 김영혜님께 진심으로 감사를 드립니다.

주인공인 현이가 사막을 끝까지 가는 행복한 낙타가 될 수 있도록 독자 여러분의 많은 응원을 부탁드립니다.

2008년 아름다운 봄날